Inhaltsverzeichnis

A) Mit Symbolen 9
1. Unter Gottes Schirm / 2. Nachdenkliches aus der Schultüte / 3. Mutig durch neue Türen / 4. Einer geht mit / 5. Mit Jesus unterwegs / 6. Wir halten zusammen / 7. Wir bauen ein Schulhaus / 8. Auf Jesus kommt es an / 9. Unser Leben – wie ein buntes Mosaik / 10. Unter dem Regenbogen beginnen / 11. Von Stufe zu Stufe / 12. Hände, die schützen / 13. Gute Fahrt / 14. Auf allen Wegen geht Gott mit / 15. Auf der Brücke des Lebens / 16. Unterwegs auf dem Meer des Lebens / 17. Was alles in den Schulranzen gehört / 18. Gottes Liebe ist wie die Sonne

B) Mit Bildern / Aufklebern / Spielszene 21
19. Bleib sein Kind / 20. Gott bringt dich sicher ans Ziel / 21. Laßt die Kinder zu mir kommen / 22. Seid willkommen: Jeder ist wichtig / 23. Mensch, ich mag dich / 24. Du kannst vertrauen

2. KAPITEL
WORTGOTTESDIENSTE ZUM SCHULJAHRESBEGINN 26

I. Grundschule

A) Mit Symbolen 26
Musterbeispiel für ein Sprechspiel:
25. Schule – wie ein großer Blumengarten 26
26. Der Hoffnungsbaum des neuen Schuljahres / 27. Auch Sonnenstrahlen sammeln / 28. Auf der Schuljahresleiter / 29. Die Welt der Schule mit anderen Augen sehen / 30. Die leeren Seiten füllen / 31. Salz und Licht und mehr im Schulalltag / 32. Geduldig und wachsam und mehr / 33. Mit Franziskus durchs Schuljahr / 34. Wie auf einer Bergwanderung / 35. Wie eine Sonnenblume / 36. Wie eine Tulpenzwiebel

2

II. Weiterführende Schulen

A) Mit Symbolen

Hinführung

Schulgottesdienste sollen wie Lebkuchen sein, also eine Art Arzneikuchen, der gut schmeckt, Freude macht, tröstet, Wunden heilt und fürs Leben stärkt. Alles, was Appetit macht, darf hinein: schülergemäße Lieder, Meditationen mit beliebten Instrumenten, Symbolhandlungen, Bilder, Zeichnungen, Postkarten, Geschichten, Pantomimen, Anspiele, Segenshandlungen, Stille, Gebete ...

Angst und Unsicherheit hocken vor der Herzenstür all derer, die zum ersten Mal das Terrain der Schule betreten, Unlust und Widerwillen aber auch bei einem Teil der Schüler/innen, die eine weitere Sprosse auf der Leiter der weiterführenden Schulen geschafft haben und sich jetzt wieder ins Rennen stürzen müssen; ganz abgesehen von der ein oder anderen Lehrperson, die in der Nacht vorher schlecht geschlafen hat, weil jetzt der Streß wieder losgeht. Da darf der Gottesdienst versuchen, schwungvoll und anfeuernd zu sein, ja vielleicht mit Freude im Vertrauen auf Gott die neue Runde einzuläuten.

Darf ich Sie darauf aufmerksam machen, daß eine Fortsetzung zu diesem Buch bereits vorliegt; Titel: „150 Bausteine für Schulabschlußgottesdienste. Ökumenische Feiern zum Schuljahresende und zur Schulentlassung", auch im Bergmoser + Höller Verlag, Aachen, 1997.

Ich freue mich, wenn ich vielen überlasteten Kolleginnen und Kollegen hiermit eine „schnelle" Hilfe geben kann, die nicht nur für den Anfang des Schuljahres, sondern auch für das ganze Schuljahr brauchbare Vorschläge enthält.

Ihr Willi Hoffsümmer

5

Hinweise

1. „Bausteine" steht über diesen Vorschlägen, d.h. die Ideen wollen entfaltet sein, vor allem die Bibelstellen brauchen noch die Verbindung mit dem Symbol, der Geschichte oder dem Bild, um nicht aufgesetzt zu wirken. Zu drei Beispielen habe ich unter Nr. 10, 25 und 31 einmal Sprechspiele ausformuliert, und im Anhang finden Sie einen kompletten Gottesdienst zum Jubiläum einer Schule. Je nach Zielgruppe bedarf es der speziellen Ausformulierung, und die Zuhörerschaft kennt nur derjenige, der den Gottesdienst hält.

2. Ein Problem sind die eingesetzten Kurzgeschichten. Ich habe sie kurz skizziert. Da meine fünf Kurzgeschichtenbände in einer Gesamtauflage von über 200.000 verbreitet sind, ecke ich bei einem Abdruck der *ganzen* Geschichte bei diesen Käufern an. Schaffen Sie die fünf Bände für die Schulbibliothek an; sie sind gewiß auch für Sie eine Fundgrube!

3. Im Titel heißt es „Gottesdienste zum Schulanfang", aber die Unterthemen – siehe Inhaltsverzeichnis – zeigen an, daß viele Bausteine auch *während* des Schuljahres eingesetzt werden können, z.b. „Gemeinschaft", „Herausforderung", „Vertrauen einüben", „Frieden", „Sinn des Lebens", „Selbstverwirklichung", „Glauben", „Jesus/Kirche" ...

4. Geben Sie möglichst vielen Schülerinnen und Schülern eine Aufgabe: zum Lesen, Anheften, Austeilen ... Das steigert das Interesse.

5. Manchmal stehen die Schriftstellen als Höhepunkte *hinter* dem roten Faden des Entwurfes. Fragen Sie sich: Muß ich erst den Seelenboden vorbereiten und auflockern, oder ist die Atmosphäre im Gottesdienst so positiv, daß ich die Reihenfolge der Meßordnung einhalten kann? Die Beantwortung dieser Frage wird örtlich verschieden ausfallen.

6. Es wäre schön, wenn alle Schülerinnen und Schüler einzeln mit Handauflegung den Segen empfangen würden.

7. Schreiben Sie an den Rand dieses Buches, wann und wo Sie eine Idee benutzt haben. Sie wissen ja, unsere „Festplatte" ist nicht die eines Computers ...

Ein herzliches Dankeschön an den Matthias-Grünewald-Verlag, Mainz, weil viele Vorschläge in Entwürfe übergreifen, die ich dort unter anderen Gesichtspunkten veröffentlicht habe.

Kurztitel und Abkürzungen in diesem Buch

Im Matthias-Grünewald-Verlag, Mainz:

„Kurzg. 1"   = Kurzgeschichten 1: 255 Kurzgeschichten für
            Gottesdienst, Schule und Gruppe;
„Kurzg. 2"   = Kurzgeschichten 2: 222 Kurzgeschichten ...
„Kurzg. 3"   = Kurzgeschichten 3: 244 Kurzgeschichten ...
„Kurzg. 4"   = Kurzgeschichten 4: 233 Kurzgeschichten ...
„Kurzg. 5"   = Kurzgeschichten 5: 211 Kurzgeschichten ...

Im Bergmoser + Höller Verlag, Karl-Friedrich-Str. 76, D-52072 Aachen:

„150 Schulabschlußgottesdienste" =
            150 Bausteine für Schulabschlußgottesdienste. Ökumenische
            Feiern zum Schuljahresende und zur Schulentlassung.

„FaJu"   = Familien + Jugendgottesdienste;
            Redaktion Willi Hoffsümmer; monatliche Mappe mit fünf aus-
            gearbeiteten Gottesdiensten.
„KiJu"   = Kinder + Jugendgottesdienste, Titel bis 1988, ebd.

Im Verlag Kindermessbörse GbR, Hoher Turm 5, D-31137 Hildesheim

„Kibö"   = Kindermessbörse; Redaktion Willi Hoffsümmer

Außerdem:

„Troubadour" = Liederbuch „Troubadour für Gott" (mit über 750 geistlichen
            Liedern mit Noten); Bestelladressse:
            Kolping-Bildungswerk, Sedanstr. 25, D-97082 Würzburg

„PuK"   = Der Prediger und Katechet, Erich Wewel Verlag,
            Anzinger Str. 15, D-81671 München.

GL   = Gotteslob, Katholisches Gebet- und Gesangbuch
Gl   = Gottesdienstleiter/in

1. Kapitel
Wortgottesdienste zur Einschulung

Fürbitten (zur Auswahl) finden Sie im 3. Kapitel. Seite 104 f.

A) Mit Symbolen

1. Unter Gottes Schirm

(einen Regenschirm mitbringen; vielleicht für alle ein Eisdekorationsschirmchen)

Wann brauchen wir so einen großen Schirm? (Wenn es regnet, schneit oder die Sonne stechend scheint). Der Schirm schirmt mich ab, er schützt mich. – Es gibt auch Menschen, die wie ein Schirm für uns sind: Eltern, Geschwister, Großeltern, Freunde. Sie beschützen uns vor Gefahren und trösten uns, wenn wir weinen oder krank sind ... Es gibt noch einen Beschützer, einen unsichtbaren: Gott. Er beschirmt und beschützt uns wie unter einem riesigen Dach:

Lesung: Ps 91,1-4.9-11 oder Ps 31,15-24.

Jesus hat uns gesagt, daß wir deshalb auf allen Wegen keine Angst zu haben brauchen. Was Mutter und Vater zeigen: dich mehr lieben als sich selbst, das hat Jesus auch gezeigt: er gab sich ganz hin für uns.

Evangelium: Mk 10,13-16: Jesus legte den Kindern die Hände auf, um sie den Schutz Gottes spüren zu lassen.

9

Segen über jedes Kind: Es segne und beschirme dich der mächtige Gott ...

Lied: Maria, breit den Mantel aus, mach Schirm und Schutz für uns daraus GL 595

Variationen
1. Mit dem Bild von der schützenden Hand (siehe Nr. 19 in diesem Buch) verbinden: Auch diese Hand beschirmt, obwohl kein Schirm zu sehen ist ...
2. Einen Fallschirm ausbreiten und hochhalten, unter dem eine ganze Klasse Platz hat: Gemeinschaftsgefühl, Freude unter dem Schutz Gottes.

Beim Schuljahresanfang:
Auf großen Regentropfen, die auf einem Schirm befestigt werden, steht, was alles auf Schüler/innen „niedergehen" kann.

2. Nachdenkliches aus der Schultüte

(eine bunte Schultüte für Erstkläßler mit den nachfolgend aufgeführten Gegenständen mitbringen)

Aus der Tüte werden nach und nach Gegenstände herausgeholt, die gedeutet werden *(bitte auswählen)*: **Rechenaufgabe** auf einem Blatt Papier = Neugier aufs Lernen; **lachendes Gesicht** = nette Lehrerinnen und Lehrer erwünscht und Freude an der Schule; **Ball** = Zeit zum Spielen bleibt; **Verkehrsschild** = Vorsicht im Straßenverkehr; **Perlenkette** = gute Gemeinschaft, die nicht zerreißen darf; **runder Stein** „Aua"-Stein) = manche „Ecke" darf abgehen, um andere nicht zu verletzen; **Steh-auf-Fräuchen/Männchen** = immer wieder aufstehen! Egal, ob du auf dem Schulhof umgerannt wirst oder dich einer kritisiert; **Kreuz** = auf die ausgebreiteten Arme Jesu hinweisen: Er will uns umarmen und helfen.

Evangelium: Mk 10,13-16: Jesus nahm sie in seine Arme, legte ihnen die Hände auf und segnete sie.

Variationen
1. Auch die Eltern werden angesprochen mit einem zarten **Pflänzchen im Topf** = Das „Begießen" jetzt auch anderen (Lehrern/ Lehrerinnen) überlassen, und das Pflänzchen nicht überfordern; **Wollknäuel** = *die* Menge Geduldsfäden für Sie zum Abschneiden; **Fernglas** = Ihr Kind ganz nah betrachten: von *ihm* lernen!
2. Für jedes Kind eine **kleine Kerze**: Bei schwierigen Aufgaben möge euch ein Licht aufgehen! Aber auch eine kleine Kerze für die Eltern = Das Kind ist Licht für Sie, wenn Ihnen der Lebensmut sinkt.

Evangelium: Joh 8,12: Jesus ist das Licht für die Welt – auf all unseren Wegen.

(Die beiden Variationen nach Pfr. Engelsberger, Wiesloch)

3. Mutig durch neue Türen

(ein gebasteltes Haus mit einer Tür mitbringen oder eins mit drei Türen: Kinder-
garten-, Schul- und Kirchentür)

Die Kindergartentür war euch vertraut *(eventuell dafür typische Merkmale aufheften oder aufmalen).* Jetzt gehen wir durch die größere Schultüre. Was erwartet uns
hier? *(Antworten aufmalen oder typische Symbole zum Aufkleben anbieten.)* Wir
wünschen euch, daß ihr euch überall wie zu Hause fühlt, ein Dach über dem Kopf
habt, geborgen seid. Die Kirchentür ist oft noch größer; dahinter wartet Jesus mit
ausgebreiteten Armen. Er hat einmal gesagt: „Ich bin die Tür!" (Joh 10,7). Er will
uns Mut geben, immer wieder durch neue Türen zu gehen, weil er dabei mitgeht!

(Nach Marianne Breuer, Bergheim/Erft)

Dafür will er jeden von euch segnen.

Evangelium: Mk 10,13-16: Jesus segnet die Kinder.

4. Einer geht mit

(vorbereiten: ausgeschnittene, bunte Fußabdrücke: kleinere, mittlere, große)

Spur der kleinen Fußabdrücke: Euer Weg zum Kindergarten. Spur der mittleren:
Euer jetziger Weg zur Schule. Spur der großen Fußabdrücke: Wenn eure Füße eines Tages groß sind, geht ihr ins Leben hinaus. – Nun heften viele Kinder neben

11

die drei Spuren noch je eine gelbe Fußspur: Einer geht mit. Immer und überall. Es ist der Herr.

(Nach Peter Orth, Mainz)

Lesung: Ps 23: Der Herr ist mein Hirt *(in Auszügen erzählen)*. Oder:

Evangelium: Lk 24,13-35: Jesus geht mit nach Emmaus *(verkürzt erzählen)*.

Dann **Segnung** der Kinder.

5. Mit Jesus unterwegs (Swimmy)

(in die Umrisse eines großen Fisches – mit Wollfäden auf einer Flanelltafel ange-deutet – heftet jeder Schulneuling „seinen" Fisch, den er angereicht bekommt)

Die Swimmy-Geschichte, bei den Kindern als bekannt vorausgesetzt, wird christlich gedeutet: Gemeinsam sind wir stark. Aus dem zweiten bis vierten Schuljahr, falls anwesend, bringt stellvertretend je ein Kind den Fisch der Klasse = Wir machen gemeinsame Sache. Als Auge des Fisches wird ein Christusbild aufgesteckt: Jesus weiß den Weg zum Vater. Seit der Taufe „schwimmen" wir mit ihm. Viele hat Jesus aufgefordert: „Folge mir nach!" (Mt 9,9). Für diese Nachfolge werden jetzt besonders die Schulneulinge gesegnet.

Evangelium: Mk 10,13-16: Jesus segnet die Kinder.

6. Wir halten zusammen

(jeder Schulneuling erhält eine Wäscheklammer mit Namen und Datum)

Die beiden Teile einer Wäscheklammer werden von einer Feder zusammengehalten. Jedes Teil für sich allein könnte bestimmte Tätigkeiten nicht ausüben. Doch beide zusammen – wenn sie sich auf die umspannende Feder einlassen – können miteinander spielen, lernen und tanzen, vertrauen, trösten, Mut machen. Die Feder mit ihrer Spannkraft darf nicht verlorengehen, sonst fallen die beiden Teile auseinander.

Was könnte die Spannkraft der Klammer bedeuten? Der gute Wille, es gemeinsam miteinander zu versuchen; die versöhnliche Haltung, die einen Neuanfang möglich macht, wenn etwas schiefgelaufen ist; der „gute Geist" einer Klasse, auch an denen festzuhalten, die Außenseiter sind ... Diese Gemeinschaft, die da entsteht, kann noch stärker werden, wenn Jesus sie hält und umfängt, wenn er unsere Klammer wird. Dazu segnet er uns jetzt.

Evangelium: Mk 10,13-16: Jesus nahm sie in seine Arme.

7. Wir bauen ein Schulhaus

(aus sieben beschrifteten Steinen wird ein Schulhaus gebaut; der letzte deutet ein Dach an)

Der erste Grundstein soll **Vertrauen** heißen: Schüler/innen dürfen den Eltern und Lehrer/innen vertrauen und die Lehrer/innen den Schüler/innen und Eltern. Dann hat die Angst keinen Platz mehr.

Der zweite Grundstein heißt **Friede**, damit nichts zerstörerisch wirkt.

Dritter Stein: **Liebe**, die alles aufbaut.

Vierter Stein: **Gerechtigkeit**, die für Bestand sorgt.

Fünfter Stein: **Fröhlichkeit**, die alles leichter von der Hand gehen läßt.

Sechster Stein: **Aufgaben erfüllen**, um einmal ein zuverlässiger Stein zu werden.

Siebter Stein: Das schützende Dach ist die **Fürsorge** der Lehrer/innen und Eltern, aber besonders der Segen Gottes.

Evangelium: Mk 10,13-16: Jesus segnete sie.

8. Auf jeden kommt es an

(auf einer Flanelltafel sind die Umrisse eines Schiffes zu sehen; jeder Schulneuling erhält eine kleine Schraube mit Mutter)

Ein Schiff (= wir alle, die Schulgemeinschaft) wird von vielen einzelnen Schrauben (= jeder von uns) zusammengehalten. Wir fahren gut und sicher, wenn *alle* – jede noch so kleine Schraube – fest an ihrem Platz bleibt.

Aus „Kurzg. 1" Nr. 213 erzählen: Eine kleine Schraube will sich im großen Schiff lockern, worauf alle anderen Schrauben Alarm ausrufen; denn sie möchten nicht untergehen. Will nur eine einzige ausbrechen, dann leiden (= sich ärgern, streiten, alles besser wissen wollen) alle und lösen sich vielleicht. *Gemeinsam* können wir den Hafen (= Jahresziel, Schulabschluß) erreichen.

Evangelium: Mt 8,23-27: Sturm auf dem Meer. Jesus ist bei uns auf dem Schiff. Ihm vertrauen wir uns an.

Dieses Evangelium kann auch leicht gespielt werden:

(*Zwei Erwachsene halten ein Laken, auf das ein großes Boot gemalt wurde.*)

Gl: Wir möchten viele Kinder einladen, in dieses Boot zu steigen!

(Kinder kommen und stellen sich so hinter das Laken, daß ihre Köpfe zu sehen sind.)

Wir alle, vom ersten bis vierten Schuljahr, sitzen in *einem* Boot. Wir gehören zusammen. Deshalb habt ihr zufriedene, frohe Gesichter. In einer Gemeinschaft fühlen wir uns ja am wohlsten.

(Orgel spielt leise frohe Musik, doch plötzlich kräftige, dissonante Akkorde; die Erwachsenen bewegen das Laken.)

Plötzlich kommt Sturm auf. Auf den Gesichtern der Kinder zeigt sich Angst und Schrecken. Das Boot könnte in den wilden Wellen kentern, untergehen, und alle müßten vielleicht ertrinken.

(Die Orgel spielt leise dumpfe Töne weiter.)

In dieser Angst schrien damals im Boot die Jünger von Jesus : „Guter Gott! Siehst du nicht, daß wir untergehen? Warum hilfst du uns nicht?"
Da erinnerten sich die Freunde Jesu an Jesus selbst. Er war doch bei ihnen. Sie weckten ihn. Er stand auf und sagte: „Warum habt ihr solche Angst? Ihr habt noch einen viel zu kleinen Glauben!" (Mt 8,26).

(Die drohende Orgelmusik hört plötzlich auf. Die Kinder im Boot werden ganz ruhig. Das Laken hängt schlaff.)

Nun wurde das Meer ganz still. Die Jünger wußten: Jesus läßt uns nicht im Stich. Er hilft uns. Er ist mitten unter uns – auch, wenn wir ihn nicht sehen.

(Nach St. Brigida, Legden)

9. Unser Leben – wie ein buntes Mosaik

(ein Mosaik zeigt die Umrisse des Kindergartens und ist mit Motiven aus dem Kindergarten zusammengesetzt, wie kleine Spielsachen, Bauklötze, Muscheln, Steinchen ... Ein zweites Mosaik zeigt die Umrisse einer Schultüte und Symbole aus der Schule, wie Zahl, Heft, Buchstaben, etc. – *oder:* das Kindergarten-Mosaik wird durch Zahl, Heft etc. erweitert)

Ihr seht, wie vielfältig selbst die kleine Welt im Kindergarten für euch war. Die neue Welt der Schule ist noch bunter. Aber jedes Mosaik braucht einen festen Grund *(Mosaik umdrehen und zeigen)*: Gott ist dieser Halt und feste Grund.

Evangelium: Mt 10,29-31: Nichts geschieht, ohne daß Gott es nicht weiß, ob im Kindergarten oder in der Schule. Dieser Gott hat sich in Jesus gezeigt. In seinem Namen legen wir euch jetzt die Hände auf und segnen euch.

(Nach einer Idee aus einer evangelischen Leseordnung)

10. Unter dem Regenbogen beginnen

(ein in seine verschiedenen Farben zerlegter Regenbogen aus Pappe oder Holz wird von größeren Schülerinnen und Schülern wieder zusammengesetzt; die Regenbogenfarben in diesem Beispiel stimmen – von oben nach unten – in der unten genannten Reihenfolge; sie können aber auch getauscht werden, um dann von den Größeren in die richtige Folge gebracht zu werden)

Ich bringe die Farbe **Rot**. Rot ist die Farbe der Liebe. Sie will sagen: Kommt! Wir wollen hier in der Schule freundlich und kameradschaftlich miteinander umgehen.

Die Farbe **Orange** will sagen: Ihr habt euch auf diesen Tag der Einschulung gefreut. Fröhlich geht es oft zu in der Klasse und auf dem Schulhof. Wir wünschen euch für den Schulalltag ein frohes Herz.

Die Farbe **Gelb** verrät: Wenn eine gute Gemeinschaft in der Klasse gelingt, geht unsichtbar eine kleine Sonne auf, die wärmt und heilt.

Die Farbe **Grün**: Die Ampel des Lebens zeigt auf Grün, wenn ihr einander helft, auf dem Schulweg, dem Schulhof, in der Klasse und bei den Hausaufgaben.

Die Farbe **Hellblau**: Das Blau des Himmels leuchtet euch, wenn ihr einander vertrauen könnt, die Schüler und Schülerinnen den Lehrpersonen und die Lehrpersonen den Eltern.

Die Farbe **Dunkelblau**: Noch wichtiger ist das Vertrauen auf Gott: Er begleitet uns unsichtbar. Er hält immer zu uns. In seinem Sohn Jesus nimmt er uns an die Hand.

Die Farbe **Lila**: Am schönsten ist es, wenn wir uns nach einem Streit wieder vertragen und die Hand geben. –

Unter diesem Regenbogen können wir die Schulzeit voller Hoffnung beginnen – wie Noach, der nach der schlimmen Wasserflut unter dem Regenbogen neu begann *(eventuell aus Gen 9 erzählen)*.

Der Regenbogen will uns untereinander und mit Gott verbinden. Als Zeichen eines gesegneten Anfangs darf ich euch jetzt im Namen dieses Gottes die Hände auflegen.

Zum Regenbogen siehe auch in meinem Buch „150 Schulabschlußgottesdienste": Versöhnung über den Erlebnissen des vergangenen Schuljahres, Nr. 68 und 69.

11. Von Stufe zu Stufe

(für einen kleineren Kreis. – Ein dickes Tau liegt zur Spirale geformt in der Mitte des Raumes, und zwar so, daß Personen durch die Spirale gehen können, in deren Mitte eine Kerze brennt. Alle sitzen im Kreis um die Spirale. Teelichter stehen bereit. Wenn der Raum etwas abgedunkelt werden kann, erzielt das noch größere Wirkung)

– Immer wieder müssen wir uns aufmachen. Deine Eltern haben dich einmal zur Taufe in die Kirche getragen. *(Eine Mutter mit Kleinkind und Teelicht geht nun langsam durch die Spirale, entzündet in der Mitte das Licht, geht wieder langsam hinaus und setzt das brennende Licht außen an die Spirale.)*

– Du bist herangewachsen und wurdest Kindergartenkind. *(Ein kleineres Kind geht den Weg, entzündet die Kerze – weiter wie oben.)*

– Jetzt bist du so groß, daß du in die Schule gehst. *(Ein Schulneuling geht mit der Kerze den Weg.)*

– Wer möchte noch gehen? *(Noch zwei, drei Schulneulinge können gehen.)*

– Wenn du die vier Schuljahre geschafft hast, wechselst du in eine weiterführende Schule, später erlernst du einen Beruf ... Immer wiederholt sich der Vorgang: Du machst dich auf, gehst zur Mitte, holst Licht, kommst wieder heraus und kannst die Welt etwas heller machen. Selbst Erwachsene müssen immer wieder etwas neu beginnen. *(Jetzt geht noch einmal ein Erwachsener.)*

Wir können immer wieder in der Mitte von Gott das Licht geschenkt bekommen und tragen es nach außen in die Welt. Seht ihr, wie es hier heller geworden ist?

Evangelium: Jesus sagt: Ich bin das Licht (Joh 8,12), und ihr seid das Licht der Welt (Mt 5,14).

Für euren neuen Weg in die Schule werdet ihr jetzt gesegnet.

12. Hände, die schützen

(Eltern sitzen mit den Kindern zusammen)

Heute begrüße ich besonders zwei freundliche, geschickte und hilfreiche Freunde, die auch jeder von euch hat: die Hände. Diese Hände können zuwinken *(die entsprechenden Bewegungen von Alt und Jung tun lassen)*, auf die Schultern klopfen, schreiben, malen, vorsichtig streicheln, eine andere Hand halten ... Und für die Eltern: Die Hände können sich um das Kind legen, um es zu beschützen, und es jetzt loslassen, damit es frei wird für andere Hände (= die der Lehrerinnen und Lehrer).

Kurzspiel: Ein Kind möchte, daß die Mutter zur Schule mitgeht (Angst vor dem Hund, vor einem frechen Kind, vor dem Straßenverkehr). Die Mutter möchte das Kind aber selbständiger machen. Sie einigen sich: Die Mutter geht einige Schritte hinter ihrem Kind her. Sie traut ihm so zu, alleine zu gehen. Und doch ist es nicht ganz allein. Auf diese Weise verging die Angst des Kindes, obwohl es die Mutter nicht sehen konnte. Aber es fühlte sich von unsichtbarer Hand begleitet.

Es gibt noch eine andere Hand – unsichtbar, die uns geleiten will: Gottes Hand, die uns beschützt. – Wir legen unsere Hände zusammen, falten sie und beten:
(Sätze jeweils wiederholen lassen):
Guter Gott. / Nimm mich an deine unsichtbare Hand. / Schütze mich. / Segne mich,/ auch die Eltern / und Lehrerinnen und Lehrer, / damit alles gelingt. / Amen.

Evangelium: Mk 10,13-16: Er nahm sie in seine Arme und segnete sie.

(Verkürzt nach: Schulgottesdienste für Primarstufe, Evangelische Kirche im Rheinland 1990, S. 77-81; auch „FaJu" Juni 91)

13. Gute Fahrt

(vorne steht ein Minizug mit vier Anhängern)

Ihr seht hier vorne einen Zug (= Schule), der gleich abfahren wird. Unsere Schulneulinge fahren zum ersten Mal mit, sie steigen ins erste Abteil. Wenn der Zug ein Jahr lang gefahren ist, wird der Wagen mit den Kindern des vierten Schuljahres abgehängt: Sie steigen gewissermaßen um und fahren mit einem anderen Zug weiter.

Jedes Abteil hat einen eigenen Schaffner (= Lehrperson). Sie erklären uns die „Landschaft". Euer Stundenplan zeigt an, worüber sie erzählen werden.
Für diese Fahrt legen wir euch jetzt die Hände auf und segnen euch, damit es eine gute Fahrt wird.

Evangelium: Mk 10,13-16: Er segnete sie.

(Heriburg Laarmann in „KiJu", Juli/Aug. 84, „Gute Fahrt")

14. Auf allen Wegen geht Gott mit

(ein breiter Weg ist auf einem Flanelltuch zu sehen; viele Symbole aus der Welt der Kinder liegen zum Aufheften bereit; eine Sonne)

Der bisherige Lebensweg der Kinder wird im Gespräch mit ihnen durch Symbole bildlich erstellt – wie Babyflasche, Kindergartentasche, Roller, Besuch der Kirche, Malheft ... Jetzt kommt der Schulranzen hinzu. Was enthält er alles? ...
Einer will auf diesen Wegen bei uns sein – wie eine Sonne, die uns wärmt und Orientierung gibt (große Sonne anheften).
Gott gibt uns jetzt durch seinen Sohn den Segen für unseren weiteren Weg.

Evangelium: Mk 10,13-16: Er segnete sie.

(Marianne Breuer, Bergheim/Erft)

15. Auf der Brücke des Lebens

(auf einer Flanelltafel spannt sich eine Brücke vom Ufer über den ersten zum zweiten Brückenpfeiler; die unten angegebenen Symbole zum Aufheften liegen bereit)

(Gl zeigt auf das Ufer.) Hier das Ufer ist uns gut bekannt: das Elternhaus (Haus anheften.)

18

Als ihr zum ersten Mal in den Kindergarten gegangen seid, wart ihr sehr gespannt *(Kindergartensymbol auf den ersten Brückenpfeiler heften)*.

Jetzt habt ihr wieder ein Stück Neuland vor euch: die Schule. *(Symbol auf den zweiten Brückenpfeiler heften)*.

Wenn jemand mitgeht – wie damals und jetzt die Eltern –, fällt alles leichter. Auch Lehrerinnen und Lehrer möchten euch jetzt begleiten und helfen. Und noch einer will mit euch gehen, den niemand sieht. Er ist wie eine Sonne *(anheften)*, die uns mit ihren Strahlen einhüllt, auch wenn wir sie nicht sehen.

Lied: Gottes Liebe ist wie die Sonne Troubadour 4

Evangelium: Mk 10,13-16: Der Sohn Gottes segnet uns jetzt für das neue Brückenstück und für alle, die noch folgen.

(Marianne Breuer, Bergheim/Erft)

16. Unterwegs auf dem Meer des Lebens

(mitbringen: für jedes Kind ein Papierschiffchen, auf das es sich malt oder seinen Namen schreibt bzw. schreiben läßt; ein größeres Papierschiff; blaue Tücher für den See; die Jesus- [= Oster-]kerze)

Nachdem jedes Kind „sein" Schiff gekennzeichnet hat, stellt es dieses auf die blauen Tücher.

(Gl zeigt auf die Tücher:) Das hier soll das große Meer sein, auf dem jeder Mensch mit seinem Lebensschiff unterwegs ist.

Auch Jesus war einmal mit seinen Jüngern auf einem See unterwegs *(Gl stellt das größere Schiff hinein)*. Da kam Sturm auf *(= die Tücher in Falten legen)*, der See wurde unruhig, und hohe Wellen schlugen ans Boot. Alle bekamen Angst. In ihrer größten Not weckten sie Jesus (Mt 8,23-27). Der sagte: „Warum habt ihr Angst? Ich bin doch bei euch!" *(Gl stellt die brennende Osterkerze auf die Tücher in die Nähe des großen Bootes.)* Seht ihr: die Jesus-Kerze ist wie ein Leuchtturm, die uns den richtigen Weg zeigt und die Angst nehmen kann. –

Das sagt euch Jesus auch heute zu eurem Schulanfang, da ihr sozusagen „in See stecht" und nicht wißt, wie stürmisch das Wasser werden kann.

Und damit du Jesu Nähe spürst, lege ich dir jetzt in seinem Namen die Hände auf und segne dich.

(Nach Ludwig Wöß, A-4111 Walding)

Vgl. in diesem Buch Nr. 8: gespieltes Evangelium.

17. Was alles in den Schulranzen gehört

(einen neuen Schulranzen mitbringen und die unten genannten Gegenstände, die hineingepackt werden)

Heute habt ihr zum ersten Mal euren neuen, schönen Schulranzen gepackt. Wir schauen nochmals genau hin, was alles hineingehört. Einige **Bücher** sind schon drin = viele Wissensgebiete. Hier die **Malstifte** = bunte Welt der Bilder ... bis hin zum **Religionsbuch/Kreuz/Gebetbuch**: Wir erfahren mehr über den unsichtbaren Gott und seinen Sohn Jesus, der in diese Welt kam und unser Bruder wurde. Er segnet uns jetzt für den neuen Weg.

Evangelium: Mk 10,13-16: Jesus segnete sie.

(Marianne Breuer, Bergheim/Erft)

Vgl. in diesem Buch Nr. 2.

18. Gottes Liebe ist wie die Sonne

(eine große, gemalte Sonne wird auf der Rückseite einer Landkarte befestigt und aufgehängt. In diese Sonne darf sich jedes Kind beim Eintreten malen oder seinen Namen schreiben. Jeder Schulneuling erhält einen gelben Wollfaden von ca. 40 oder 20 cm Länge)

Nichts kann ohne Sonne leben. Sie ist da – auch hinter den Wolken. Sie wärmt und macht hell – wie die Liebe. Sie ist mit Gott zu vergleichen, der gesagt hat: „Ich bin überall für euch da", „Ich habe mich in Licht gehüllt wie in ein Kleid" (Ps 104,2). Ich wärme euch mit den Strahlen meiner Liebe. – Von diesem Licht hat Jesus uns erzählt. Er, der Sohn Gottes, gibt die Liebe seines Vaters weiter: „Ich bin das Licht der Welt!" (Joh 8,12)

Der Wollfaden, den du bekommen hast, soll dich daran erinnern: Gott mag dich. Trage den Faden um das Handgelenk oder heute um die Stirn gebunden. Tragt die Liebe Gottes so in eure Klasse, damit auch dort die Sonne aufgehen kann. Ihr sollt ja auch seit eurer Taufe Licht (= Taufkerze) für die Welt sein (Mt 5,14). Für dieses Hinaustragen empfangt jetzt den Segen.

Evangelium: Mk 10,13-16: Er segnete sie.

(Nach „Bunte Pausen", Quell-Grünewald-Verlag 1995, S. 36-42).

B) Mit Bildern / Aufklebern / Spielszene

19. Bleib sein Kind

(für jedes Kind die Fotokarte K 81 „Bleib Sein Kind" von Dorothea Steigerwald im Brendow-Verlag, Postfach, D-47402 Moers, Tel. 02841/80 90, Fax 02841/8 07 47)

Betrachtung: Die große Hand hüllt das Kind ein. Sie will stützen und schützen, auch wenn das Kind jetzt immer größere Kreise zieht. Das Kind schmiegt sich in die gute Hand von Vater und Mutter. Es fühlt sich darin geschützt und geborgen. Die Hand weist auf den, der noch viel größer ist als Vater und Mutter, auf die größte Hand der Welt: die Hand Gottes; sie will noch umfassender schützen und stützen.

Von dieser Hand hat Jesus uns erzählt. Er kam in diese Welt, um uns Gottes unsichtbare Hand spüren zu lassen. Das erzählt uns das Heilige Buch.

Evangelium: Mk 10,13-16: Jesus legte die Hand auf sie und segnete sie.

Das möchte er heute besonders, um dir zu sagen: Geborgen in und unter meiner unsichtbaren Hand kannst du die nächsten Schritte wagen.

Alternative
Die Karte Nr. 002004 zeigt eine kleine Hand, die sich an einer großen festhält; © by Editions H. Krackenberger, Otto-Hahn-Str. 13, D-97204 Höchberg, Tel. 0931/40 68 60, Fax 0931/40 68 64

20. Gott bringt dich sicher ans Ziel

(Raphael beschützt Tobias: als Dia im Heft „Zum ersten Schultag", Steyler-Verlag Wort und Werk, D-41311 Nettetal, Tel. 02157/12 02 20, Fax 02157/12 02 22; dort auch als vierfarbige, vierseitige Karte zu haben mit Erklärung und Gebetstext)

Betrachtung: Ein junger Mann ist mit einem Fisch unterwegs und wird von einem größeren Mann begleitet, der ihn an der Hand führt: Ich brauche keine Angst vor dem neuen Weg zu haben, weil ein Freund bei mir ist. Der große Freund, der einen Körper aus Lichtstreifen hat und nach vorne ausstrahlt, ist der Erzengel Raphael. Der Maler läßt die Farben von oben ins Bild fließen, um damit auszudrücken: der große Freund ist ein Engel, ein Bote Gottes.

Engel sind verlängerte Arme Gottes. In ihnen nimmt Gott uns an die Hand, führt uns und nimmt uns die Angst. Bei ihm sind wir geborgen.

21. Laßt die Kinder zu mir kommen

(die Kinder erhalten den Umriß einer Menschenfigur aus dünner Pappe [= sie selbst] und malen ihn aus. Eine große Jesusfigur mit weit ausgebreiteten Armen ist vorne an der Flanelltafel oder auf einem Flanelltuch zu sehen)

Sobald die Kinder „sich" ausgemalt haben, bringen sie ihre Figur nach vorne und heften sich (Heftstreifen) unter die Arme Jesu.

Evangelium: Mk 10,13-16: Jesus nahm die Kinder in seine Arme und segnete sie.

Wer weiß und glaubt, daß Jesus uns umarmt und bei uns bleibt, der kann jetzt froh und voller Vertrauen die nächsten Schritte tun.

(Nach Dieter Witt, D-51379 Leverkusen, im „Materialdienst" Nr. 54, S. 60f.,
Rheinischer Verband für Kindergottesdienst)

22. Seid willkommen: Jeder ist wichtig!

(für jeden Schulanfänger einen „Smily" besorgen. Die Silhouette der Schule ist zu sehen, auf deren Fenstern zweites, drittes und viertes Schuljahr steht und eventuell Gesichter zu erkennen sind; ein Fenster ist frei)

Vorne seht ihr unsere Schule. Die Räume sind bereits für die vier Schuljahre eingeteilt. Auf dem leeren Fenster ist Platz für das erste Schuljahr. Ihr (= die Schulneulinge) dürft jetzt nach vorne kommen und euren Smily auf das noch leere Fenster kleben.

(Während dieser Aktion wird von den anderen ein bekanntes Lied gesungen).
Die Smilys wollen sagen: „Ihr seid uns willkommen. Ihr seid uns wichtig. Wir brauchen euch, damit es in unserer Schule wieder stimmt!"

(Hier eventuell die Kurzgeschichte von „Rotschopf", die neu zugezogen ist und zunächst abgelehnt wird; aber einer durchbricht die unsichtbare Mauer zu ihr, und sie werden prima Kameraden. Siehe Vorlesebuch Religion 1, Seite 54f; in „Kibö" 95-2, Seite 4, gekürzt und das Ende verändert.)

Zu eurem Gang in die Aufgaben an der Schule segnet euch jetzt Jesus:

Evangelium: Mk 10,13-16: Jesus segnet die Kinder.

(Gisela Rosemann, Bergheim-Paffendorf)

23. Mensch, ich mag dich

(für jeden Schulneuling den gleichnamigen Aufkleber. Zu bestellen bei Heriburg Laarmann, Ebertstr. 14, D-31089 Duingen)

Wenn einer zu dir sagt: „Mensch, ich mag dich!", dann beflügelt dich das. Ich hoffe, alle Schüler/innen aus dem zweiten bis vierten Schuljahr möchten das jetzt den Schulneulingen sagen?! Eure Eltern und Großeltern sagen es euch sicherlich!

Lied: Wenn einer sagt, ich mag dich, du   Troubadour 129

Der Untergrund der Plakette ist blau. Blau erinnert an Wasser. Gott hat schon in der Taufe zu uns gesagt: „Ich mag dich. Ich bin immer für dich da!" – Die Aufschrift auf dem Aufkleber ist rot wie die Farbe der Liebe oder Strahlen der Sonne, die wir empfangen und weiterstrahlen können.
Klebt ihn auf euren Schulranzen oder den Spiegel zu Hause, damit sich jeder daran erinnern kann: Wir mögen dich!

(Sr. Heriburg Laarmann, Duingen)

Evangelium: Mk 10,13-16: Jetzt segnet euch Jesus für den Weg in die Schule – wie er damals die Kinder segnete.

Alternative
Für jeden eine kleine gemalte Sonnenblume zum Anstecken.

24. Du kannst vertrauen

(im Altarraum steht eine Sitzbank ohne Lehne [aus dem Kindergarten])

Keiner ist gern allein; es gibt Freunde, die mitgehen.

1. Szene: Ein Kind stellt sich auf die Sitzbank; ihm werden die Augen verbunden. Es geht unsicher und ängstlich über den „Steg".

2. Szene: Nun soll es denselben Weg gehen: Es erhält aber eine/n Mitschüler/in oder Erwachsenen an die Hand. Danach erzählt es: Die Hand gab mir Mut; ich fühlte mich sicherer.

Überleitung: Es gibt noch einen, der uns seine Hand geben will und dem wir vertrauen können.

Lesung: Jes 43,1-5: Fürchte dich nicht, ich bin bei dir!

Gott möchte uns immer an seine Hand nehmen. Seine „verlängerten Arme" sind wir Menschen: Lehrerinnen und Lehrer, Freunde ... helfen ihm dabei. Damals schickte Gott seinen Sohn, der die Menschen an die Hand nahm und sie segnete. Er möchte jeden Schulneuling jetzt auch segnen.

Evangelium: Mk 10,13-16: Jesus segnet die Kinder.

Alternative
Siehe das Spiel unter Nr. 12 in diesem Buch: Hände, die schützen.

2. KAPITEL
WORTGOTTESDIENSTE ZUM SCHULJAHRSBEGINN

Fürbitten (zur Auswahl) finden Sie in einem eigenen Kapitel, Seite 104.

Prüfen Sie zunächst den Baustein Nr. 25, um festzustellen: Nur wer das genaue Alter der Gottesdienstbesucher/innen und die Umstände vor Augen hat, kann so ein Sprechspiel „hautnah" formulieren. Darum finden Sie unter den anderen Vorschlägen wieder nur kompakte Angaben, die zu entfalten sind.

I. Grundschule

A) Mit Symbolen

Musterbeispiel für ein Sprechspiel:
25. Schule – wie ein großer Blumengarten

(die im Sprechspiel genannten Blumen gemalt, zum Teil „live" oder nur Schilder mit deren Namen mitbringen. Eventuell auswählen)

Lesungen: Kol 3,12-14: Die Liebe ist das Band, das alles zusammenhält; Joh 15,9-12: Liebt einander.

Gl: Unsere Schule gleicht einem Garten, in dem verschiedene Blumen wachsen. Ihre bunte Vielfalt macht unser Miteinander erst interessant. Einige Schülerinnen und Schüler helfen uns, genau hinzuschauen, und vergleichen uns mit dem, was im „Garten" dieser Schule alles grünt und blüht.

(Nach dem gesprochenen Text stellen sich die Kinder mit ihren Blumen zum Halbkreis auf.)

1. Manche Kinder fallen auf wie **Sonnenblumen** und wirken wie wärmende Strahlen in den Klassen. Dazu gehört auch die eine oder andere Lehrerin und der eine oder andere Lehrer.

2. **Fleißige Lieschen** gibt es noch in jeder Klasse. Sie hören aufmerksam zu, machen die Hausaufgaben und sind auch zur Stelle, wenn mitangepackt werden muß.

3. Leider gibt es auch genügend **Klatschmohn**. Wer ihm ein Geheimnis anvertraut, kann sicher sein, daß es breitgetreten wird.

4. Unscheinbar blühen die vielen **Gänseblümchen**. Ihre frischen Blütenaugen lockern das Grau des Alltags auf. Sie sind die ersten, die wieder lachen, wenn ein Rasenmäher alles niedergemacht hat.

5. Die **Tränenden Herzen** setzen uns manchmal zu, wenn sie eine schlechte Note nicht verkraften oder uns mit ihrer Traurigkeit und Lustlosigkeit anstecken.

6. Kinder wie stachelige **Kakteen** gibt es in jeder Klasse. Wer sich diesen „Chaoten" nähert, tut sich bestimmt weh. Wer weiß, was sie alles einstecken müssen, weil sie so viele Stacheln zeigen! Vielleicht halten wir bei ihnen geduldiger nach einer Blüte Ausschau, denn keine Kaktee hat ihre Stacheln so dicht, daß nicht Platz bliebe für eine Blüte.

7. Der **Löwenzahn** wächst überall, ist bescheiden und gräbt sich zäh ins Erdreich ein. So gibt es viele, die sich unheimlich anstrengen müssen, um das Klassenziel zu erreichen.

8. Es gibt auch stolze **Lilien**, die Abstand halten. Wehe, du schaust ihnen bei einer Arbeit über die Schulter!

9. Das kleine **Vergißmeinnicht** ist leicht zu übersehen. Manche stehen am Rand einer Klassengemeinschaft – fast wie einsame Mauerblümchen. Sie rufen uns unendlich leise mit allen Fasern zu: Vergiß mein nicht!

10. Den **Brennesseln** unter den Schülerinnen und Schülern darf ich nicht zu nahe kommen. Mit ihrer scharfen Kritik können sie vieles madig machen. Ihre Kritik ist zwar schmerzhaft, aber oft fördert sie auch die Durchblutung.

11. Wir haben auch genug **Rosen** an der Schule, die Schönheit und Zärtlichkeit ausstrahlen. Ihr Duft bezaubert manchmal eine ganze Klasse. Hoffentlich blühen sie für viele, die sich an ihnen erfreuen können.

12. Das **Veilchen** erinnert an die Treuen in der Klasse, die wie selbstverständlich Gemeinschaftsdienste übernehmen, vor denen sich andere drücken. Ohne sie würde manches nicht gelingen.

13. Zum Schluß diese **Orchidee**: Manche Schülerinnen und Schüler, manche Lehrerinnen und Lehrer strahlen von innen. Sie leben versteckte Kostbarkeiten vor, die oft wenig anerkannt werden.

Gl: Ich bringe ein **rotes Band** und möchte damit alle diese Blumen zu einem Blumenstrauß binden. Wir haben in den Lesungen gehört, was es bedeutet: Die Liebe ist das Band, das unsere noch verschiedenen „Blumen" in einer Klasse zusammenhalten kann. Und Jesus sagte uns im Evangelium: „Liebt einander, wie ich euch geliebt habe." Dann fällt dieses Schuljahr leichter.

Als „Lesung" eignet sich auch aus „Kurzg. 1" Nr. 105: Rose, Sonnenblume und Gladiole sonnen sich im Glanz ihrer Größe, der Schönheit und Duftes. Stiefmütterchen, Gänseblümchen und Vergißmeinnicht wissen aber darum, daß jede Blume in ihrer Art von Gott und den Menschen geliebt wird.

(Nach einer Idee der Pfarrei St. Bonifatius, Lippstadt)

26. Der Hoffnungsbaum des neuen Schuljahres

(in einer Vase steckt ein dürrer Ast; grüne Blätter in Form eines Baumblattes für jede Schülerin und jeden Schüler mitbringen.)

Die einen schreiben Hoffnungen und Wünsche auf die Blätter, die anderen Fürbitten. Sie werden im Gottesdienst vorgelesen und dann angeheftet.

Evangelium: Joh 15,4-5: Bleibt mit mir verbunden, dann bringt ihr reiche Frucht.

27. Auch Sonnenstrahlen sammeln

(jeder bekommt einen kleinen Sonnenstrahl; einige in einer Schultasche)

Die „Frederick"-Geschichte von Leo Lionni (im Kindergarten nachfragen) wird erzählt: Während sich die Mäuse mit dem Einsammeln von Weizen, Stroh und Nüssen abplagen, sammelt Frederick Sonnenstrahlen und Farben, was natürlich in nüchternen Zahlen nicht meßbar ist. Aber für die kalten Wintertage hat er einen

Vorrat, der ihm und allen anderen Mäusen Kraft gibt zum Durchhalten. Die Schule ist in erster Linie zur Wissensvermittlung da: Die gute Vorbereitung auf die Leistungsgesellschaft (= Weizen, Stroh, Nüsse) ist wichtig, aber entscheidend sind die Sonnenstrahlen. Jetzt nennt Gl Beispiele, während er jeweils einen Sonnenstrahl aus der Schultasche holt: das Bemühen beim Lernen, das gute Miteinander, das Vertrauen zueinander; Mutlosigkeit schnell überwinden; Geduld haben; Verzeihen lernen ...

(Diese Eigenschaften können auch anhand von Gegenständen verdeutlicht werden: **Lupe** = genauer hinschauen; **Kreuz** = Vertrauen auf Gott; **Kette** = Miteinander; **Schneckenhaus mit Spirale** = Geduld haben; **Baumscheibe** = Vertrauen lernen: Jahresring um Jahresring legen; **Regenbogen** = Verzeihen.)

Evangelium: Mt 28,20: Ich bin bei euch alle Tage.

28. Auf der Schuljahresleiter

(eine Leiter steht im Altarraum)

Das Schuljahr, das vor uns liegt, erscheint wie diese Leiter: Ich muß ganz unten anfangen hochzusteigen. Welche Gefühle können sich einstellen, wenn sie wackelt, wenn mir schwindelig wird, wenn mich Angst befällt weiterzusteigen. Hält aber jemand die Leiter (= Eltern, Lehrer/innen, Freunde, Freundinnen), bin ich mutiger, und es fällt alles leichter.

Wir sind hier, um auch noch einen anderen zu bitten, die Leiter zu halten: Gott hilft, wenn wir ihn bitten.

Lesungen: Jes 40,28b-33: Die dem Herrn vertrauen schöpfen neue Kraft; Mt 7,7-11: Vom Vertrauen beim Bitten.

(Wenn ich dann höher steige, darf ich die Früchte auch denen unter mir anreichen: Überwindung der Selbstliebe als Nebenaspekt noch möglich.)

29. Die Welt der Schule mit anderen Augen sehen

(ein 3 D-Bilderbuch oder Poster mitbringen)

Ich brauche ein magisches oder ein „drittes" Auge, um in diesem 3 D-Poster noch das andere Bild zu erkennen, das meinen Augen noch verborgen ist. *(Gl macht es vor ...)* Jetzt erkenne ich, was noch „hinter" dem Bild zu sehen ist, was du wahrscheinlich nicht siehst, wenn du neben mir stehst. So sehen auch manche nicht das

Wesentliche, was sich während des Schuljahrs abspielt, weil das Wesentliche für das Auge unsichtbar bleibt. Solche Szenen kommen auch in der Bibel vor:

Evangelium: Lk 9,28b-36: Verklärung auf dem Berge Tabor.

Das Wesentliche ist oft für das Auge unsichtbar:
Sehen, ob der Mitschülerin oder dem Mitschüler zum Weinen zumute ist;
sehen, ob der/dem Ungenießbaren zuviel quer im Magen liegt;
sehen, daß die Schulkameradin/der Schulkamerad meine Zuwendung braucht, um mehr in die Klassengemeinschaft hinein zu wachsen.

Was noch wesentlicher ist: Gott ist uns unsichtbar nahe; ich kann manche Probleme nicht durch Aktionen, aber durch Gebet einer Lösung zuführen; mich umgibt eine unsichtbare Welt von Heiligen, von Schutzpatronen, die ich auch anrufen kann ...

30. Die leeren Seiten füllen

(ein leeres Heft mitbringen)

(Gl zeigt die leeren Seiten) Am Ende des Schuljahres werden diese Seiten gefüllt sein. Das Heft liegt ja als stumme Aufforderung in eurer Schultasche, mit ihm etwas anzufangen. Die vollgeschriebenen Seiten werden viel von dir verraten: zum Beispiel ob du gerne oder hastig, sorgfältig oder unwillig die Zeilen gefüllt hast. Und das Korrigierte mit roter Tinte wird dir deutlich machen, daß es im Leben nicht ohne Leistung geht.

Wenn wir hier unter dem Kreuz beginnen, dann möchte uns das darauf aufmerksam machen, daß auch Gott in diesem Heft mitschreiben will: Er kann uns den roten Faden bei aller Plackerei des Lebens zeigen. Er möchte auch dabei helfen, daß die Geschichte dieses Schuljahres gut ausgeht, selbst wenn manches zwischen die Zeilen zu stehen kommt.

Auch vor Abram lag die Zukunft wie ein Heft mit leeren Seiten. Er fing mit Gott an (blätterte weiter) und wagte alles:

Lesung: Gen 12,1–8: Abram bricht auf.

(Nach Jürgen Werblick in „Puk" 5/95, S. 625-627)

Vgl. „Schulabschlußgottesdienste" Nr. 94 : Zurückblicken.

31. Salz und Licht und mehr im Schulalltag

(eine Schultüte mit den unten angegebenen Gegenständen mitbringen; bitte auswählen!)

Evangelium: Mt 5,13-16: Salz und Licht der Erde sein.

Diese Tüte zeige ich ab und zu bei der Einschulung des ersten Schuljahres. Aber ich habe sie heute gefüllt, um euch zu Beginn des neuen Schuljahres an einiges zu erinnern.

(Gl holt folgende Gegenstände heraus:)
Edelstein: Jeder von uns trägt einen Schatz in sich, der bei jedem anders ausfällt. Entdecke ihn! Bring ihn in unsere Gemeinschaft ein!

Vergrößerungsglas: Übersehen wir nicht die kleinen Wunder am Wege! Selbst im Gesicht des Nachbarn entdecke, was fehlt! (Siehe „Kurzg. 2" Nr. 105: Das ist wirkliche Liebe zu den Menschen: ihr Bedürfen zu spüren und ihr Leid mitzutragen und nicht so sehr zu sagen: Ich liebe dich!)

Taschentuch: Wenn du traurig bist, tut es dir gut, wenn andere Mitgefühl zeigen. Manchmal die Tränen der anderen trocknen ...!

Zitrone: Manche Tage in der Schule sind sauer wie eine Zitrone. Aber Zitronen haben viele Vitamine! Auch durch die Überwindung „saurer" Augenblicke kann ich innerlich wachsen!

Salzstreuer: „Ihr seid das Salz der Erde": Es gibt eine innere Verbitterung, die sich wie ein Eispanzer ums Herz legen kann. Es kommt darauf an, wie wir dann diesen Menschen begegnen.

Eine Handvoll Erde in einem Glas: Verantwortungsvoll mit den Gaben der Erde umgehen. Das zeigt sich im Umgang mit Brot.

Streichholz und Reibfläche: Es passiert genug, worüber wir uns manchmal aufregen. Doch es ist besser, ein Licht anzuzünden, als über die Finsternis zu schimpfen. *(Anzünden!)*

Perle: Sie wächst aus einer tödlichen Herausforderung. Manchmal kann Schule tödlich auf die Nerven gehen. Nimm die Herausforderung an! Leg deine besten Kräfte um das spitze Sandkorn, das dein Herz verletzt; (das Heranreifen einer Perle dauert ungefähr so lange wie die ganze Schulzeit).

Rose: Achte auf das Schöne! Geh zärtlich damit um, damit das Wunder nicht zerfällt. Der Duft der Rose deutet an, daß es mehr geben muß als Schule und Arbeit und die tausend Dinge. Behalte diese Sehnsucht im Herzen!

Kreuz: Der unter dem Kreuz fiel, stand wieder auf, um seinen schweren Weg weiterzugehen. Wer zu ihm gehören will, darf sich nicht entmutigen lassen.

32. Geduldig und wachsam sein und mehr

(eine Mandel für jeden mitbringen)

1. Um diese Mandel zu knacken, brauchst du mehr Kraft und Geduld als bei einer Baumnuß. Die Mandel ist daher Symbol für die Geduld. Geduld, die ich brauche, um zum Kern (Lebensweisheiten) vorzustoßen.

2. Sie ist auch ein Symbol für Wachsamkeit, weil der Mandelbaum so früh blüht. Auf die Schule gedeutet: Wer zuviel schläft, bekommt irgendwann die Quittung.

3. Die Mandel ist weiterhin Symbol für die Fruchtbarkeit. Wie bei uns die Unsitte (weil Lebensmittel) herrscht, bei einer Hochzeit Reis zu werfen, so wird in den Ländern mit vielen Mandelbäumen die Mandel zur Hochzeit geworfen. Auf die Schule gedeutet: Mach deine Talente fruchtbar und vermehre sie.

4. Die Mandel ist zudem Symbol für Christus, der – so sagten die alten Kirchenväter – seine göttliche Natur, seinen göttlichen Kern, im Menschen und Bruder Jesus Christus „versteckt" hat. Auch wir tragen – als Kinder Gottes – Göttliches in uns: Glaube, Hoffnung und Liebe. Sie sind Abglanz göttlicher Kräfte (= göttliche Tugenden), die nicht kleinzukriegen sind, wenn wir aus ihnen leben.

Lesungen: Jak 5,7-11: Geduldig sein;
Offb 21,1-7: Das Verborgene wird einmal offenbar;
Mt 24,42-44: Seid wachsam.

33. Mit Franziskus durchs Schuljahr

(ein Franziskuskreuz mitbringen – eventuell für jeden eins zum Umhängen)

Solch ein Kreuz in T-Form liebte der heilige Franziskus. Wer es trägt oder im neuen Schuljahr tragen will, darf sich an folgendes erinnern: Franziskus dankte immer wieder für die schöne Welt. Er war ein froher Mensch. Er lebte einfach und bescheiden (seine „Braut" war die Armut).

Er trat immer für Aussöhnung und Frieden ein. Die T-Form des Kreuzes erinnert an die Signalstange in der Wüste, an der Mose die eherne Schlange aufhing: Wer sie anschaute, starb nicht am Gift der Schlangen (Num 21,4-9). Jesus sagt später mit Blick auf das Kreuz:

Evangelium: Joh 3,14: Jeder, der an mich glaubt, wenn ich erhöht bin, hat in mir das ewige Leben.

(In Offb 7,1-4 steht, daß die ewig Geretteten das Zeichen auf den Stirnen tragen.)

34. Wie auf einer Bergwanderung

(die unten genannten Gegenstände mitbringen)

Das neue Schuljahr ist mit einer Bergwanderung zu vergleichen:

Dafür brauche ich **Wanderschuhe** mit gutem Profil (= Einsatzbereitschaft, um nicht abzurutschen), einen **Wanderstab** (= Halt in Gott; Psalm 23: Sein Stock und sein Stab geben mir Zuversicht), eine **Trinkflasche** (= Begegnungen und Momente, die Freude bringen und neue Kräfte mobilisieren) und ein **Seil** (= Freunde, Kameradschaft, Gemeinschaft). Wir beachten auch die Wegweiser und Wegmarkierungen (= Gebote), um den Gipfel (= das nächste Schuljahr) zu erreichen.

(Nach Anton Allmer, A-8250 Vorau)

Dabei Jesus unsichtbar mitgehen lassen!

Evangelium: Lk 24,13-35: Die Emmausjünger (erzählen).

Vgl. in diesem Buch Nr. 41.

35. Wie eine Sonnenblume

(für jeden ein Tütchen mit Sonnenblumenkernen zum Einsäen und Erinnern)

Die Sonnenblume wendet sich der Sonne (= Freundlichkeit, Güte, Gott) zu, läßt die Schatten (= Schuld) hinter sich fallen und bringt Frucht (= mit seinen Talenten arbeiten). An Menschen, die wie „Sonnenblumen" sind, erfreut sich jeder; sie bringen „Licht" in die Welt. Im Leben kommt es aufs Weitergeben an: Der reife Same im Blumenkopf hat Kraft für viele neue Blumen, die eventuell noch Freude bringen, wenn wir schon „verblüht" sind.

Evangelien: Mt 25,14-30: Die Talente einsetzen;
Mt 5,14-16: Ihr seid das Licht der Welt.

36. Wie eine Tulpenzwiebel

(eine Tulpenzwiebel für jeden mitbringen)

Lesungen: 1 Kor 3,5-9: Wir begießen, Gott läßt wachsen;
Mk 4,26-29: Der Same wächst und keimt ...

Das neue Schuljahr ist vergleichbar mit dieser Tulpenzwiebel: In ihr steckt das Zeug für eine schöne Blüte. Aber ich muß sie einpflanzen, mir die Hände dreckig machen, sie mit fruchtbarer Erde umgeben, ins Warme stellen und tränken. Dann heißt es warten, warten. Ab und zu tränken. Warten, warten.

Und im Warten geschieht es: Sie schlägt Wurzeln und wächst. Sie hat das Recht dazu, in der Freiheit des Lebens auch zu scheitern und keine Blüte hervorzubringen. Aber warum sollte sie uns nicht die Freude machen, da die Veranlagung in ihr steckt und ich ihr das gebe, was sie braucht, um zu blühen?

Wir werden einen Augenblick still und träumen von den Blüten, die das neue Schuljahr bringen kann. *(Stille)*

Wir rufen uns in Erinnerung: Es kommt auch auf mich an, ob diese Tulpenzwiebel eine Blüte hervorbringt. Und du darfst Gott um das Wachstum bitten (= Fürbitten). (Jeder darf die Tulpenzwiebel zu Hause einpflanzen und ihr Wachsen begleiten und beobachten – um sich zu erinnern.)

(Nach einer Meditation von Andrea Schwarz)

Selbstfindung / Selbstverwirklichung

37. Sag ja zu dir!

(unterschiedliche Schuhe hängen an einem Ständer; außerdem eine besonders große Schuhsohle aus Pappe)

(Gl nimmt einen schicken Schuh:) Der ist von Moni. Bei der kommt keiner mit! Sie bringt auch Supernoten nach Hause. Aber dafür paukt sie den ganzen Tag ...

Dieser hier gehört Ursel. Keiner will neben ihr sitzen; sie ist so schlampig, weil sich keiner um sie kümmert. Möchtest du mit ihr tauschen?

(Gl geht einige Beispiele durch ...)

Das könnten deine Schuhe sein. Schiele nicht nach rechts und links, geh *deinen* Weg! Am besten hinter *(Gl nimmt die große Schuhsohle)* Jesus her, der sagte: Folge mir nach!

Evangelium: Joh 8,12: Wer mir nachfolgt, wird nicht in der Finsternis umhergehen.

Vgl. Nr. 93 in „150 Schulabschlußgottesdienste", hier mit Grafik.

38. Mit „Behinderungen" fertig werden

(ein eckiger = gebrochener Kieselstein für jeden)

Aus „Kurzg. 3" Nr. 200 erzählen: Der vermeintlich unbrauchbare Steinblock, dem eine Ecke fehlt, dient Michelangelo dazu, seinen unsterblichen David herauszuarbeiten.
Vielleicht entdecke ich auch bei mir Eigenschaften und Unvollkommenheiten, unter denen ich ein Leben lang leiden könnte. Aber mit Gottes Hilfe kann ich Ungeahntes daraus entstehen lassen. Das haben schon viele Menschen bewiesen.

(Siehe „Kurzg. 4" Nr. 154: Ein Behinderter, der sich viele Jahre nur bemitleidete, weil er nur noch zu 30 % arbeitsfähig war, findet mit Hilfe eines Arztes und seiner Frau die positive Sicht: „Ich bin *noch* 30 Prozent arbeitsfähig", und er bringt es zu was.)

Lesungen: Jes 49,16: Gott hat dich, so wie du bist, in seine Hände geschrieben; Mt 9,10-13: Jesus kam als Arzt für die Benachteiligten.

39. Wirkung zeigen

(ein Brennglas mitbringen)

Mit einem Brennglas könntest du alles bündeln, was das neue Schuljahr für dich bereithält und mit deinen neuen Einsichten die Welt „entzünden". Aber warum verpufft oft alles so wirkungslos? Gehen wir mit der Lupe nicht richtig um?

Halten wir sie vielleicht schief, und die Sonnenstrahlen der Belehrung können gar nicht eindringen? Ist die Lupe schmutzig (= bin ich innerlich „besetzt")? Halte ich das Brennglas ruhig, oder bin ich so fahrig, daß die Strahlen keine Zeit bekommen, etwas zu entzünden? Halte ich die Lupe lange genug, bis der Funke zündet (= Ausdauer)?

Erst wenn vieles zusammenkommt, das auch in meiner Hand liegt, kann sich die Wirkung zeigen. Und Gott möchte, daß wir mit dem Gelernten seine Welt weiterbringen oder erhalten:

(Nach Bernard Benson)

Evangelium: Lk 12,49-50: Ich bin gekommen, Feuer auf die Erde zu werfen.

40. Gemeinsam in See stechen

(der Altar ist zu einem angedeuteten Segelschiff ausgebaut; die unten genannten Symbole werden im Sprechspiel angebracht)

Die **Mannschaft** auf dem Schiff (= Schüler/innen und Lehrer/innen), **Steuerrad** (= Leiter/in der Schule), **Mast** (= Vertrauen miteinander; wenn er bricht, wird die Weiterfahrt zur Qual), **Segel** (= der Wind des guten Geistes Gottes treibt uns voran), **Anker** (= Hoffnung im Sturm, daß wir nicht an einem Fels zerschellen), **Radar/Kompaß** (= Logbuch, Bibel, unser Gewissen), kleine **Schraube** (= jeder ist wichtig), **Kajüte** (= Schutz bei „rauhem Wetter": aufeinander hören; sich versöhnen).

Evangelium: Mt 8,23-27: Bei Sturm während des Schuljahrs: Jesus ist unsichtbar bei uns. (Spielbar; siehe Nr. 8 in diesem Buch)

41. Wir sind als Seilschaft unterwegs

(ein Bergsteigerseil mitbringen)

Einige Schüler/innen stehen im Mittelgang und halten das Bergsteigerseil. Im „Berg" des beginnenden Schuljahrs sichert und schützt an schwierigen Stellen im „Fels" einer den anderen. Der/die Bergführer/in (= Lehrer/in) kennt den Weg zum Gipfel des Jahres am besten, weil er/sie ihn schon oft gegangen ist. Darum befolgen wir seine/ihre Anweisungen. Läßt die Kraft nach, stellen sich Ängste ein vor den Abgründen (= Noten, Versagen), helfen euch Nähe und Verbundenheit der anderen, wenn wir alle in die gleiche Richtung ziehen; denn ein Streiten, ein Hin- und Herzerren gefährdet und bringt nicht weiter. Jeder ist wichtig, um mitanzupacken, zu sichern, zu ermuntern. So erleben wir auch Spaß in der Mühe; wir sind am Ziel stolz!

Es gibt noch einen verborgenen Bergführer, von dem wir hören:

Evangelien: Joh 15,9-13: Bleibt in meiner Liebe;
Mt 28,20: Ich bin bei euch alle Tage.

Vgl. Nr. 34 in diesem Buch.

42. Den Paradiesvogel einfangen

(einen gebastelten, üppig bunten Phantasievogel mitbringen)

Es gibt Schülerinnen und Schüler, die kommen nur mit Angstgefühlen zur Schule. Was wäre, wenn in diesem Schuljahr hier und da das Paradies ausbrechen würde und alle glücklich sind?

Wie das geht? Das erzählt uns die Geschichte von diesem Paradiesvogel: „Kurzg. 1", Nr. 251: Er ließ sich auf der Spitze eines Baumes nieder. Die Männer bildeten eine lebendige Leiter. So wäre *gemeinsam* das Glück einzufangen gewesen. Es genügte, daß *einer* in der lebendigen Leiter „keine Lust" mehr hatte, um das gesamte Vorhaben scheitern zu lassen. – Wie so oft etwas an *einem* aus der Klasse scheitern kann ...!

Evangelium: Joh 17,20-23: Alle sollen eins sein, damit die Einheit und das glückliche Miteinander beginnen.

Welcher Klasse soll ich diesen Paradiesvogel zur Erinnerung mitgeben? Sobald das Miteinander ein oder zwei Tage bei euch geklappt hat, gebt ihn weiter in eine andere Klasse!

Herausforderung Schule

Vorbemerkung: Der Hinweis auf Fleiß, Ausdauer und Engagement darf nicht als „moralischer Knüppel" im Hintergrund stehen. Die aktive Friedensforschung hat aufgezeigt: Je mehr es uns gelingt, die positiven Energien des Kindes zu wecken, um so mehr beschützen wir es vor Rabaukentum und Gewalt. Vom christlichen „Bete und arbeite" ganz abgesehen.

43. In der Schleifmaschine

(einen geschliffenen Diamanten bei einem Juwelier ausleihen und mitbringen)

Wir Menschen sind alle wie Rohdiamanten: ungeheuer wertvoll, ein einziger Schatz im Innern. Um diesen Schatz für andere sichtbar zu machen und zum Strahlen zu bringen, muß er in der Schule des Lebens geschliffen werden. Der Schleifprozeß ist anstrengend: Immer in die Schule gehen oder später zur Arbeit, Hausaufgaben, Klausuren ... Manche herausstehende Ecke muß abgeschliffen werden, wenn sie im Miteinander andere nicht verletzen soll: der Eigensinn, die mangelnde Hilfsbereitschaft, Wutausbrüche.

Auch Gott möchte uns einen besonderen Schliff geben, damit wir zum unverwechselbaren Schatz werden. In der Taufe begann es, in Krankheit oder Prüfungen wird er fortgesetzt. Ihm dürfen wir vertrauen, daß er auch manche Ecke, die unversehens in Mitleidenschaft gezogen wird, wieder zurechtschleift.

Evangelien: Mt 25,14-30: Mit unseren Talenten wuchern;
Lk 9,23-24: Nehmt das tägliche Kreuz auf euch und folgt mir nach.

44. Immer weiter strampeln

(einen gebastelten Frosch mitbringen)

Es waren einmal zwei Frösche, die fielen in ein Faß Milch. Als sie keine Möglichkeit fanden, sich zu befreien, sagte der eine: „Jede Anstrengung ist überflüssig. Hier kann man überhaupt nichts mehr machen." Und nach kurzer Zeit ging er unter. – Der andere Frosch aber meinte: „Nur nicht aufgeben. Ich werde noch gebraucht." Und so strampelte er stundenlang, bis er plötzlich etwas Festes unter seinen Füßen spürte: Aus der Milch war durch sein Strampeln Butter geworden! Nun kletterte er auf den Butterkloß und sprang hinaus (vgl. „Kurzg. 1" Nr. 195).

Ich hoffe, ihr packt das neue Schuljahr. Da hilft oft nur strampeln. Vergeßt dabei nicht: Es gibt einen, der uns helfen kann, durchzuhalten – das gilt auch für Lehrerinnen und Lehrer.

Evangelien: Mt 28,20: Ich bin allezeit bei euch;
Joh 15,4-6: Bleibt mit mir verbunden.

Vielleicht zum Andenken einen Frosch für jeden? Falttechnik siehe in meinem Buch „Gottes Spur in der Schöpfung", Grünewald, Mainz ²1993, Seite 93.

45. Sich formen lassen

(einen Mauerstein mitbringen)

Dieser Stein war einmal ein Klumpen Lehm, der geformt wurde, damit er in ein Bauwerk paßt (= prägende Kraft des Elternhauses, dann des Kindergartens und der Schule akzeptieren, um später in der Gesellschaft seinen Mann, seine Frau zu stehen). Nach seiner Formgebung wurde er im Brennofen großer Hitze ausgesetzt (= Krankheit, Klassenarbeiten, der Verlust einer Freundschaft ...), damit er Druck aushält.

Wir glauben an einen Gott, den uns Jesus gezeigt hat, der sogar Ecken, die uns abgestoßen werden, wieder mit dem Mörtel der Liebe ausgleichen kann.

(Nach einer Idee von Gerhard Bruns)

Evangelien: Mt 25,14-30: Mit unseren Talenten arbeiten;
Joh 15,4-6: Bleibt mit mir verbunden.

46. Ihr seid Salz der Erde

(jeder bekommt ein Tütchen mit etwas Salz)

Evangelium: Mt 5,13: Ihr seid das Salz der Erde.

Nehmt eine Prise Salz mit dem angefeuchteten Zeigefinger! Laßt es bewußt auf der Zunge zergehen.

Herausforderung Schule vor allem für die, die Christen sein/werden wollen:

- Salz kann Eis (= Unversöhnlichkeit) zum Schmelzen bringen;

- Salz kann tragen wie das stark salzige Tote Meer im Heiligen Land (= eine Gemeinschaft verstärken, in der keiner „untergeht");

- Salz kann Geschmack schenken (Pommes ohne Salz? = Geschmack und Würze ins Miteinander bringen) und

- Salz kann Leben erhalten (= an heißen Tagen ist es empfehlenswert, Salzhaltiges zu essen = anderen Anerkennung und Zuwendung schenken, auch denen, die am Rande stehen).

- Salz konserviert (= das Gute bewahren).

47. Zerbrich die Schale!

(jeder bekommt eine Haselnuß)

Der lebendige Kern der Nuß liegt noch gut verpackt in der Schale (= noch schützt das Elternhaus), aber der Keim muß wachsen und die Schalen (= Eigenliebe, Selbstmitleid, Heuchelei, Gleichgültigkeit) sprengen, damit er nicht langsam austrocknet und nutzlos bleibt. Der Keim ist dann stark gefährdet (= Gewalt, Kälte), aber er wird zum neuen Strauch, der Früchte trägt (= Dienst an den Menschen). Es wäre schön, wenn wir dabei einander helfen und nicht wie ein Nußknacker auftreten, der oft auch den Kern zerstört. – Beim Aufbruch geht einer mit:

Lesung: Gen 12,1-4: Gott ist mit Abram, der noch mit 75 Jahren neu „aufbricht".

48. Wie fleißige Bienen

(einen klassischen Bienenstock ausleihen und mitbringen)

Wir wissen eigentlich zu wenig von den Bienen. Wenn wir uns vorstellen, daß eine Biene für drei Pfund Nektar, die ungefähr ein Pfund Honig ergeben, fast dreimal um die ganze Erde fliegen muß (ca. 120.000 Flugkilometer), dann ahnen wir, mit wieviel Fleiß die Arbeitsbienen unterwegs sind.

Die Bienen sind auch ein soziales Insekt, das heißt sie können als Einzelwesen nicht leben und sind ganz auf Gemeinschaft hin angelegt. Wenn eine Biene eine Trachtquelle, zum Beispiel einen blühenden Apfelbaum, entdeckt hat, dann behält sie das nicht für sich, um sich eventuell bei den anderen eine „gute Note" zu holen, nein, sie tanzt auf der Wabe einen Rund- oder bei größerer Entfernung einen

Schwänzeltanz, und alle anderen wissen aus der Anzahl der Tanzwendungen und der Tanzrichtung genau, wo sie hinfliegen müssen!

Für das neue Schuljahr wünsche ich euch: Fleiß, um eure Talente zu entfalten, und soziales Verhalten, das alle in den kommenden Monaten überleben läßt!

Evangelium: Mt 25,14-30: Unsere Talente einbringen.

Die Atmosphäre der Schule mitbestimmen / Frieden

49. Täglich Positives pflanzen

(jeder erhält eine Eichel)

Aus „Kurzg. 1" Nr. 5 erzählen: Weil ein alter Mann täglich Eicheln pflanzte, die zu Bäumen wurden, verwandelte er mit der Zeit ein verstepptes Gebiet in blühendes Land.

Wer täglich gute Gedanken, Worte und Taten einbringt, verändert die Atmosphäre der Klasse und der Schule. Alle, Lehrpersonen wie Schüler/innen, fühlen sich wohler.

Einer verheißt uns jetzt schon die Anfänge des Paradieses, wenn wir das tun:

Evangelium: Mt 5,2-12: Die Seligpreisungen (in Auswahl).

50. In kleinen Schritten

(einen Besen mitbringen)

Aus „Kurzg. 1" Nr. 204 erzählen: Der Straßenkehrer Beppo hat eine riesige Straße (= das neue Schuljahr) vor sich. Er denkt nicht an die ganze Straße, sondern nur an das nächste Stückchen, den nächsten Besenstrich. Schritt für Schritt schafft er so in Ruhe die lange Straße. – Wer die Klasse etwas zum Guten verändern möchte, dem kann das nur schrittweise gelingen – bei sich anfangend.

Alternative
„Kurzg. 3", Nr. 150: Mit kleinen Schritten zum Frieden kommen, zum Beispiel die Türen leise schließen. Einer hilft uns dabei:

Lesungen: (zur Auswahl) 1 Joh 4,7-12.20-21: Liebe zur Mitte (= Gottesliebe) und nach außen (= Nächstenliebe);
Mt 18,20: Wo zwei oder drei ...;
Lk 10,25-28: Hauptgebot der Gottes- und Nächstenliebe;
Joh 20,19-21: Jesus trat in ihre Mitte.

51. „Pelzchen" verteilen

(jeder bekommt ein Stückchen Pelz; in Haushalten nach alten Pelzen fragen und zerschneiden)

Aus „Kurzg. 2" Nr. 115 erzählen oder vorlesen: Im Ort Swabeedo beschenkten sich die Leute immer mit Pelzchen (= Lob, Dank, freundliche Worte), und trotzdem gingen sie nicht aus. Aber als man sparsam damit wurde, weil man auf einmal glaubte, Weggeben mache ärmer, verfiel die gute Atmosphäre. Bis schließlich wieder einige anfingen ... Dazu können auch wir gehören.

Pelzchen = kleine nette Worte finden („Kurzg. 2", Nr. 109) oder Zulächeln („Kurzg. 2", Nr. 187) oder loben („Kurzg. 2", Nr. 188 und 189) und anerkennen („Kurzg. 5", Nr. 165) – von Lehrern zu Schülern und umgekehrt. Das verändert die Atmosphäre an der Schule.

Legt das Pelzchen gut sichtbar hin (oder steckt es euch an), damit wir uns erinnern!

Lesungen: Eph 4,22-27.29-32: Sprecht gute Worte, die einander stärken;
Joh 15,9-12: Liebt einander.

52. Die Kälte aufbrechen

(ein paar gemalte Eisblöcke sind zu sehen; darin ein blühendes Veilchen, von dem aus ein Rinnsal geschmolzenen Wassers zieht; eine Sonne wird bereitgehalten)

Evangelium: Mt 25,14-30: Wenn wir die unterschiedlichen Talente, die Gott jedem von uns geschenkt hat, in Umlauf bringen, kann manches Eis der Umgebung geschmolzen werden.

Die Kinder nennen Beispiele dafür, was die Schule und das Miteinander kalt, ja eisig macht *(eventuell groß in die Eisblöcke schreiben)*. Dann wird aus „Kurzg. 1" Nr. 54 erzählt: Ein Veilchen durchdringt mit seinem Duft die Kälte um sich herum und taut an *einer* Stelle die Eiswüste auf. Im Sterben träumt es von Millionen Veilchen, die ihm das nachmachen und das ganze Eis auftauen, damit hier Menschen leben können.

Das Veilchen träumte von uns, von euch Kindern besonders! Was nehmen wir uns fürs neue Schuljahr vor? *(Eventuell Vorsätze auf ausgeteilte ausgeschnittene Veilchen schreiben und vorne in die Eisblöcke heften)* Allein schaffen wir das nicht *(die Sonne wird aufgeheftet)*: Wir rufen Gott an, daß er uns dabei hilft.

Alternative
Aus „Kurzg. 1", Nr. 165: Zwei Eisblöcke sind zu sehen; wir schreiben in sie hinein, was unser Zusammensein „erfrieren" läßt. Zum Schluß heften wir eine Sonne darüber: Gott muß uns beim Auftauen helfen, dann fließen die Blöcke in ganz alltäglichen Wassergräben aufeinander zu.

53. Frieden machen, wo Streit ist

(ein Springseilchen mit einem Knoten versehen und mitbringen)

(Gl zeigt das Springseil:) Der Knoten hier soll Streit bedeuten – wie bekomme ich ihn aus dem Seilchen wieder heraus? Mit der Methode Alexander des Großen: einfach mit dem Schwert mit Gewalt durchschlagen? Aber dann ist das Seilchen kaputt. Manche Kinder und Erwachsene versuchen einen Streit zu lösen, indem jeder an seiner Seite kräftig zieht, um Recht zu behalten. *(Gl zieht mit den Händen nach beiden Seiten:)* Aber dann wird der Knoten nur noch härter! Es gibt nur einen Weg: Miteinander in Ruhe sprechen und langsam den Knoten auflösen! Das einzig „Senkrechte" auch im neuen Schuljahr!

Lesungen: Röm 12,17-21: Rächt euch nicht selber;
Kol 3,12-15: Vergebt einander;
Mt 5,5-9: Keine Gewalt – Frieden stiften.

54. Schon eine/r kann verändern!

(eine Rose mitbringen)

Es ist wie mit einer Rose: Sie kann einen ganzen Raum mit Duft erfüllen. So meinte Gandhi auf die Frage „Wie kann man die Hindus bewegen, die Bergpredigt anzunehmen?": „Denken Sie an das Geheimnis der Rose. Alle mögen sie, weil sie duftet. Also duften Sie, meine Herren!"
Wenn nur eine/r in der Klasse eine andere Meinung vertritt, kann er/sie einer Diskussion eine neue Richtung geben oder das Klima in der Klasse verändern. Erkennt die Macht des einzelnen, und übt sie im neuen Schuljahr ein, damit ihr zu einer guten Atmosphäre beitragt.
(Die Rose auf den Altar legen:) Gott möchte uns dafür stark machen.

Lesungen: (zur Auswahl) 1 Joh 4,7-12.20-21: Liebe zur Mitte (= Gottesliebe) und nach außen (= Nächstenliebe);
Mt 18,20: Wo zwei oder drei;
Lk 10,25-28: Hauptgebot der Gottes- und Nächstenliebe;
Joh 20,19-21: Jesus trat in ihre Mitte.

55. Gib die Liebe weiter!

(zwei große Streichhölzer mitbringen)

(Gl zündet das erste Streichholz an:) Liebe, Freude, Glück darf ich nicht für mich selbst behalten. Wenn ich andere daran teilhaben lasse *(Gl geht mit dem brennenden Streichholz näher an das zweite)*, kann ich die Freude verdoppeln. Bei manchen muß ich aber ganz nahe gehen und dabei auch Geduld haben, bis der andere Wirkung zeigt. *(Jetzt einige Beispiele bringen!)* Viel Spaß beim Einüben im neuen Schuljahr!

Evangelium: Mt 5,14-16: Ihr seid das Licht der Welt.

56. Wie die Gänseblümchen

(ein Gänseblümchen für jeden mitbringen oder besser die Postkarte 8685 im Kawohl-Verlag, D-46485 Wesel, Tel. 02 81 / 9 62 99-0, Fax 02 81 / 9 62 99-44, die Gänseblümchen zeigt)

Das Gänseblümchen ist ungeheuer fleißig: Es kommt hervor mit den allerersten Blumen und blüht bis in den Schnee des nahenden Winters. – Es läßt sich nicht unterkriegen. Kaum ist der „Rasenmäher" *(ausdeuten!)* vorbei, lachen schon wieder die ersten Blüten. – Es verschönert den oft eintönigen Rasen (= Schule) mit tausend Sternenaugen. – Ihr gelber Blütenboden erinnert an die Sonne (= wir sind Abbilder Gottes). – Es ist eine Heilpflanze! So zeigt das Gänseblümchen mit seiner Existenz, was dienen heißt.

Evangelium: Mt 20,25-28: Vom Herrschen und Dienen.

Vertrauen einüben / Gott / Jesus / Kirche

57. Was uns halten kann

(ein Stück Seilhandlauf zeigen)

Ihr stürmt noch die Treppen hinauf und braucht kaum einen Halt. Aber wer in den Bergen schon gefährliche Wege gegangen ist, war dankbar für einen Seil- oder Drahthandlauf, der am Fels befestigt war, um sich daran festzuhalten zu können und nicht abzustürzen.
Wer dieses Seil hier näher untersucht, entdeckt, daß es aus vier dünnen Seilchen besteht, die sich um ein weiteres Seil in der Mitte winden – seht ihr? Das Seil in

der Mitte nennt man „Seele" – ich möchte es als die **Liebe** deuten, die uns im Leben hält, nämlich die Gottes- und Nächstenliebe; sie heißt umschrieben: „Vertrau Gott und gestalte unsere Welt mit!"

Und die vier Seilchen, die sich um die „Seele" legen, bedeuten:

- **Klugheit** (= was bringt uns wirklich weiter?),

- **Gerechtigkeit** (= das Schöne und die Lasten klug verteilen, und das hat mit „Teilen" zu tun!),

- **Tapferkeit** (= für alles kämpfen, was gut und gerecht ist)

- und das **rechte Maß** (= das besonnene Maß zwischen „Ich verzichte auf alles" und „Ich muß alles haben").

Hier handelt es sich um die vier Kardinaltugenden (cardo = Türangel = den richtigen Dreh- und Angelpunkt fürs Leben gewinnen), die uns auch im kommenden Schuljahr vor einem „Absturz" bewahren können.

(Nach einer Idee von Renate John)

Lesungen: 1 Kor 13,4-8a.13: Es bleiben Glaube, Hoffnung, Liebe;
Joh 14,1-6: Ich bin der Weg.

58. Fürchte dich nicht!

(Bild malen lassen: ein Schiffstau um einen Anlegepoller, der als Kreuz erkennbar ist)

Einem Schiff kann bei Sturm weniger zustoßen, wenn es im Hafen mit dicken Tauen an einem Anlegepoller festliegt. Auch du fühlst dich geborgen, wenn du ein Zuhause hast, in dem du sicher bist und Vater oder Mutter dich erwarten und schützen. Gott verspricht unserem Lebensschiff noch zusätzlichen Halt, so daß wir im Lebenssturm hoffen können.
Erkennt ihr im Anlegepoller das Kreuz? Das ist der Grund, warum wir uns im Leben nie hoffnungslos zu fürchten brauchen; denn Jesus hat seine Liebe in seinem Tod für uns bewiesen.

Lesungen: 1 Joh 4,18: Fürchte dich nicht!
Joh 14,25–27: Euer Herz verzage nicht.

59. Wie beim Paraglider

(großes Foto eines Pagliders mit Piloten zeigen)

Siebzig bis hundertzwanzig Leinenfäden lassen den Gleitsegler sicher zu Tal schweben. Die Fäden, die uns halten, damit wir nicht abstürzen: Vertrauen auf Vater und/oder Mutter, Lehrer/innen und Freunde/Freundinnen; Gesundheit, Begabungen und Hobbys, besonders auch die Beziehung zu Gott, dem wichtigen Faden „nach oben", den manche gedankenlos abreißen. (Hier aus „Kurzg. 1" Nr. 180 möglich: Die Spinne wußte nicht mehr die Bedeutung des Fadens, an dem sie heruntergestiegen war und biß ihn kurzerhand ab, und das herabfallende Netz erstickte sie.)

Lesungen: Jes 40,28-31: Wer vertraut;
Joh 15,9-17: Bleibt mit mir verbunden.

60. Die Seele in die Sonne Gottes halten

(eine gebastelte große Sonne und Wolke mitbringen)

Aus „Kurzg. 1" Nr. 96 erzählen: Ein Mann empfängt Kraft aus der stillen Begegnung mit Gott (in der Kirche, im Gebet, in der Natur, in den vielen Wundern am Wege ...).

Wenn wir uns hier versammeln, sollen wir auch die Seele in die Sonne Gottes halten und daraus Kraft schöpfen wie Sonnenhungrige, die im Frühjahr die ersten starken Sonnenstrahlen bewußt einfangen; Kraft auch für das neue Schuljahr.

Aber die Sonne Gottes ist oft für uns verdeckt *(Wolke davorhalten)*, wenn wir nicht „auf Empfang" gehen, die Stille nicht suchen, in den Gedanken stets um uns selber kreisen, keine Lust dazu verspüren, keinen Sinn darin sehen, zu unruhig sind ... *(Wolke wegnehmen)*. Die Sonne Gottes strahlt selbst hinter den Wolken. Aber Gott zwingt niemanden, diese heilenden Strahlen zu suchen und zu empfangen.

Evangelium: Mt 17,1-9: Sein Gesicht leuchtete wie die Sonne ...

Wir versuchen jetzt, eine Minute in der Stille die Sonnenstrahlen Gottes in uns aufzunehmen, auf ihn zu hören, ihm zu danken, ihn zu bitten ...

61. Sich von Gott tragen lassen

(mehrere Fußabdrücke führen zum Altar)

Aus „Kurzg. 1" Nr. 81 erzählen: Im Traum sieht ein Mann Jesus an seiner Seite und immer zwei Paar Fußabdrücke im Sand. Wo nur *ein* Paar Fußabdrücke zu sehen ist, als er sich allein in seinen Problemen sah, da – hat Jesus ihn getragen.

Jesus, seit der Taufe unser Freund, in jeder heiligen Kommunion ganz nahe in uns, möchte uns auch im neuen Schuljahr begleiten, notfalls sogar tragen ..., wenn wir es zulassen.

Lesungen: Ex 19,3-6: Ich trage euch wie auf Adlerflügeln (vgl. GL 258, 2. Str.);
Joh 15,14-17: Ihr seid meine Freunde ...;
Mt 14,22-33: Er bewahrte Petrus vor dem Versinken.

Alternative
Vorne liegt für jeden ein Fußabdruck. Auf seiner Unterseite steht die Frage: „Wann hast Du Dich schon getragen gefühlt?" Und: „Hast Du schon einmal jemanden ein Stück 'getragen'?" So erfährt das Thema eine Ausweitung in die Nächstenliebe. – Es gibt im Kawohl-Verlag, D-46485 Wesel, Tel. 02 81 / 9 62 99-0, Fax 02 81 / 9 62 99-44, die Postkarte Nr. 9188, die auf der Vorderseite Spuren im Sand zeigt und auf der Rückseite den Text der Geschichte bringt.

62. Gefangen oder geborgen?

(ein größeres Netz mitbringen)

Lesungen: Gal 6,1-5: Einer trage des anderen Last;
Lk 5,1-11: Das Netz zerriß nicht.

Ein Netz kann eine Falle sein, in die ich stolpere. *(Vielleicht versuchen einige Kinder, das Netz zu überschreiten und verfangen sich darin.)*

Es kann aber auch auffangen, wenn wir aus der Zeltkuppel des neuen Schuljahrs-Zirkus abstürzen. *(Vielleicht legt sich ein leichteres Kind auf das Netz, und andere tragen es ein Stück.)* Es wäre schön, auf Schulkameradinnen und -kameraden zu treffen, die in schwierigen Situationen ein Stück tragen.

(Gl legt das Netz auf den Altar:) Auch jetzt ist das Netz nach oben offen! Wir dürfen an einen Gott glauben, der uns mit seinen großen Händen auffängt, selbst wenn wir noch so tief fallen. Wer das glaubt und darauf vertraut, kann mit größerer Zuversicht ins neue Schuljahr gehen.

63. In der Gegenwart Gottes leben

(ein tragbares Radio mitbringen)

Überall umgeben uns Schallwellen, die wir weder hören noch sehen können. Manch einer würde sagen: „Nein, die gibt es nicht. Ich glaube nur an das, was ich sehen und hören kann." *(Gl stellt das Radio an:)* Mit dem Gerät kann ich die Schallwellen hörbar machen. Dazu muß ich manchmal die Antenne ausrichten *(Gl zieht die Antenne)*, um die Töne deutlich zu empfangen. – So ähnlich ist das auch mit Gott und Jesus. Denn in der Bibel steht:

Lesungen: Ex 3,13-14: Gott ist der „Ich bin da" für uns;
Mt 18,20: Wo zwei oder drei in meinem Namen versammelt sind, da bin ich mitten unter ihnen;
Mt 28,20: Seid gewiß: Ich bin bei euch alle Tage bis zum Ende der Welt!

Manche sagen, es gibt keinen Gott, weil ich ihn nicht sehen kann. Wer aber den Worten der Heiligen Schrift vertraut, der wird stark im Bewußtsein: „Ich bin nie allein. Ich habe Gott im Rücken und Jesus an der Seite." Manchmal spüren wir sie nicht in unserer Nähe. Aber habe ich meine Antenne auch auf sie eingestellt? – Zum Abschluß heute einen altirischen Segen (siehe Seite 107).

Hinweis: Die Geschichte von David und Goliath oder die der Emmausjünger erzählen = Die Gegenwart Gottes macht stark.

50

64. Uns halten lassen von der Mitte

(ein [gemaltes] altes Wagenrad aufstellen; auf die Nabe ein Christuszeichen heften)

(Jeder kann beim Eintreten seinen Namen rundum auf die Felge schreiben.)

Die vielen Speichen (= wir) sind in der Mitte von Jesus Christus gehalten. Wenn er für uns die Mitte sein darf, hält uns sein guter Geist zusammen. Vielleicht wird daraus ein guter Klassengeist. Jede Speiche hat ihren eigenen besonderen Platz, und es darf auch keine fehlen, wenn das Rad voll belastbar sein soll. Unsere Gemeinschaft ist die Felge, darum habt ihr darauf eure Namen geschrieben. Diese Gemeinschaft ist genauso wichtig wie die Mitte, denn sonst haben die Speichen außen keinen Halt. Der Eisenring um die Felge bedeutet die Einheit zwischen uns, zwischen uns und den Eltern, zwischen den Lehrpersonen und Eltern und umgekehrt.

(Die Fürbitten können auf Karten geschrieben und aufgeheftet werden.)

Lesungen: 1 Joh 4,7-12.20-21: Liebe zur Mitte (= Gottesliebe) und nach außen (= Nächstenliebe);
Mt 18,20: Wo zwei oder drei;
Lk 10,25-28: Hauptgebot der Gottes- und Nächstenliebe;
Joh 20,19-21: Jesus trat in ihre Mitte.

65. Gerüstet zum Kampf gegen das Böse

(ein Gürtel, ein Panzer, ein Paar Stiefel, ein Schild, ein Helm, ein Schwert mitbringen)

Lesung: Eph 6,10-17: Die Waffen Gottes im Kampf gegen das Böse.

Die Lesung wird Zeile für Zeile wiederholt. Kinder können einem Schüler oder einer Schülerin vor dem Altar, der/die bereits Stiefel und Panzer anhat, die besprochenen und gedeuteten Gegenstände in die Hände geben. – Die Kinder sollen auch „das Böse" nennen, das sie so bedrängt!

Paulus verrät uns noch, wie wir zu diesen Waffen kommen: Immer wieder Gott darum bitten und wachsam sein (Eph 6,18).

66. Mit frischer Energie „aus der Luft"

(einen Lederball mit zu wenig Luft und eine Luftpumpe mitbringen)

(Gl läßt den Ball aufschlagen:) Mit so einem Ball kann niemand etwas anfangen; da fehlt die Luft drin, die Sprungkraft! Vergleichbar mit manchen Schülerinnen und Schülern, die ohne Lust, ohne „Mumm" ins neue Schuljahr kommen wollen.

(Gl pumpt den Ball auf.) Was könnte die Luft bedeuten, mit der ich den Ball langsam fülle?

(Luft, Wind = Heiliger Geist = ein guter Geist; auch ein „Korpsgeist" [Gemeinschaftsbewußtsein], der sich in die Gemeinschaft einbringt und ein Miteinander möglich macht.) Jesus möchte uns diesen guten Geist jetzt einhauchen.

Evangelium: Joh 20,19-21: Er hauchte sie an ... und sie gingen in die Welt hinaus.

67. Mit Jesus verbunden bleiben

(jeder bekommt ein Baumblatt)

Evangelium: Joh 15,4-6: Getrennt von mir könnt ihr nichts tun (in den Augen Gottes).

Schaut euch genau das Kunstwerk in euren Händen an, dreht es herum ... Das Blatt braucht, um Nahrung zu erhalten, den Stamm und den Ast. Umgekehrt braucht der Stamm die Blätter, um durch sie atmen zu können. Wir sind das Blatt, Jesus ist der Stamm (= Weinstock – Reben): Aus dem Vertrauen zu ihm können wir alles wagen. Er braucht aber auch unsere Hände und Füße, um heute wirken zu können. Oft sind wir die einzige Bibel, die draußen noch gelesen wird. Wie ein großer Baum für Dutzende Menschen Sauerstoff hergibt, so können wir die Atmosphäre um uns herum reinigen: in der Klasse, auf der Straße und zu Hause. Auf ein gutes neues Schuljahr!

Siehe dazu auch den Anhang.

68. Sich von Jesus halten lassen

(ein Magnet, viele Nägel und Nadeln mitbringen)

Mit diesem Magneten kann ich im Nu Nägel anziehen, ähnlich wie ein Popstar als „Kassenmagnet" tausende Menschen anzieht. Wenn diese Nägel dann magnetisiert sind, können sie noch weitere Nadeln anziehen, obwohl sie selbst gar nicht mehr den Magneten berühren.

So hat sich Jesus das auch mit uns vorgestellt. Damals zog er die Jünger an sich, und die Anziehungskraft ihres Glaubens reicht in langer Generationenreihe bis zu uns. Lassen wir uns von seiner Kraft erfüllen, um wiederum andere für Jesus zu begeistern. Wichtig ist dabei, daß wir in seinem Kraftfeld bleiben.

Lesungen: Joh 15,4-5: Bleibt in mir, dann bleibe ich in euch;
Mt 11,28: Kommt alle zu mir;
Mt 28,19: Macht alle Menschen zu meinen Jüngern.

Das Missionieren an der Schule ist schwierig geworden, weil wir in der Minderheit sind. Das Christentum hat sich auch nicht als zu schwach erwiesen: Die meisten lernen es ja gar nicht mehr richtig kennen. Würden wir da etwas vom Selbstbewußtsein der Muslime lernen!

69. Die Verbindung mit Jesus

(eine Tischlampe zeigen)

Wer Jesus vertrauen möchte, muß sich auch darin einüben (aus „Kurzg. 3" Nr. 80 einbeziehen: Nur bei Anwendung reinigt Seife), muß mit Jesus verbunden bleiben. Es ist wie mit dieser Tischlampe: Sie leuchtet nur, wenn ich sie mit der Stromquelle verbinde. (Anderes mögliches Beispiel: eine Spielzeugeisenbahn mit an- und abgekoppelten Wagen.)

Evangelium: Joh 15,4-5: Bleibt mit mir verbunden.

70. Jesus – das Licht im Leuchtturm

(die Zeichnung eines großen Leuchtturms am Meer mitbringen und kleine Schiffe für Kinder, die vor oder im Gottesdienst gefaltet werden)

Evangelium: Joh 8,12: Ich bin das Licht.

Ein Leuchtturm gibt Signale, damit alle wohlbehalten an Klippen und Sandbänken vorbei zum Hafen gelangen. Wir (= Schiffe) stechen in See, d.h. ins neue Schuljahr. Jesus ist das Licht im Leuchtturm Gottes, das uns gerade bei Nacht und Nebel (= beklemmende Situationen) leuchtet.

Wir schreiben Bitten auf unsere Schiffe (= Fürbitten) und tragen sie dann nach vorne, damit sie zum Start auf das „Meer" gesetzt werden.

(Stark gekürzt nach St. Elisabeth, Neuss-Reuschenberg)

71. Licht der Welt sein

(eine Taschenlampe mitbringen)

Evangelium: Mt 5,14-16: Ihr seid das Licht (= bereit zum Frieden und zum Einsatz für die gute Tat ...).

Es wäre schön, wenn diese Taschenlampe ein Symbol für uns sein könnte. Der Auftrag Jesu lautet: „Ihr seid das Licht". Also schalte ich die Lampe an, denn sie soll Licht bringen in manche Dunkelheit des neuen Schuljahres ...

Oh, sie brennt nicht! Woran kann es liegen? Was meint ihr?

Die Batterien sind leer (Energie, „Lust" dazu fehlt); das Birnchen ist kaputt (= etwas Schlimmes, das mir die Konzentration nimmt oder mich schwer belastet), oder der Kontakt ist unterbrochen (durch ein zusammengefaltetes Stück Fernsehprogramm oder einen Geldschein = andere Dinge interessieren mich viel mehr). Aber wir haben von Jesus einen Auftrag bekommen!

72. Bete und arbeite!

(zwei kleine Ruder aus einem Campingboot zeigen)

Du bist auf die Mitte des großen Sees gerudert. Plötzlich ein Unwetter. Was tun? Beten oder rudern? Beides! Es ist wie mit diesen beiden Rudern: Benutze ich nur eins, drehe ich mich im Kreis und gewinne nicht das rettende Ufer. Ob ich nun alle Kraft nur ins Rudern lege oder nur ins Gebet.

Der große See eines neuen Schuljahres liegt vor dir: Benutze beide Ruder, besonders wenn ein „Unwetter" droht: Arbeite so, als gäbe es keinen Gott. Und vertraue bei allem so auf Gott (= beten), als wenn ohne ihn nichts ginge.

Alternative
Aus „Kurzg. 1" Nr. 209 einsetzen: Ein Engel hilft dem Kutscher mit seinem Gefährt aus dem Schlamm, weil er arbeitend sich bemüht, und nicht dem, der nur den Himmel um Hilfe anflehte.

Evangelien: Mt 22,35-40: Hauptgebot;
Lk 10,38-42: Maria und Marta.

73. Licht in manche Dunkelheit bringen

(jeder erhält ein Stück Spiegelscherbe)

(Gl zeigt seine Scherbe:) Jeder von uns ist eines der sechs Milliarden Stückchen aus dem Spiegel der Menschheit. Es ist wichtig, zu mir, zu dieser Scherbe, ja zu sagen, auch wenn ich mich gerne als weniger bruchstückhaft erfahren möchte. – Ich bin wichtig, aber auch der andere, auch der Ausländer, ist wichtig, weil wir nur zusammen die Menschheit ausmachen, und jeder seine Erfahrungen und Talente einbringen darf. – Dank einer Lichtquelle (= Erziehung, Menschen, Gott) kann ich mit meiner Scherbe das Licht in Ecken lenken, in die sonst kein Licht dringt (= Menschen im Abseits und in Not) – so wie Jesus die Botschaft vom barmherzigen Vater in unsere Welt spiegelte.

Lesungen: Eph 5,8-16: Lebt als Kinder des Lichtes;
Joh 8,12: Ich bin das Licht, und Mt 5,14-16: Ihr seid das Licht;
Lk 15,11-24: Der barmherzige Vater.

74. Gegen die Sinnlosigkeit

(einen Ring aus Pfeifendraht oder einen Gardinenring mitbringen – eventuell für jeden einen)

(Gl zeigt einen Ring:) Solch ein Ring kann uns an vieles erinnern:
– an einen Kreis (= weil er ohne Anfang und Ende ist, gilt er als Symbol für Gott);
– an die Umrisse einer Sonne (= ohne sie kein Leben);
– an einen Trauring (= die Treue halten ohne Ende – immer und ewig);
– an einen Rettungsring (= wie ein SOS-Ring einen Ertrinkenden retten kann, so wirft uns im Bußsakrament der barmherzige Vater den Rettungsring zu – wie er dem verlorenen Sohn als Zeichen der Versöhnung einen Ring an den Finger steckte und ihm alle Rechte zurückgab).

Ein Ring kann uns also an Wichtiges erinnern: an Gott, die Sonne, die Treue und daran, daß ein barmherziger Gott uns den Rettungsring seiner Vergebung zuwirft, wenn wir zu ihm zurückkommen.

Lesungen: 1 Joh 4,16b-21: Furcht zeigt an, daß die Liebe noch wachsen muß;
Lk 15,11-24: Der barmherzige Vater.

75. Sich einspannen lassen

(eine Gitarre mit einer fehlenden Saite und eine einzelne Gitarrensaite mitbringen)

An dieser Gitarre fehlt eine Saite. Deshalb kann ich die Lieder nicht richtig begleiten. – Hier die Gitarrensaite könnte mir helfen, aber sie will sich nicht einspannen lassen; sie will ihre Freiheit. Ehrlich: Was soll sie so alleine? Wozu taugt sie noch? *(Gl wirft sie auf den Boden.)* Sie wird wahrscheinlich noch nicht mal auf dem Boden bemerkt, vielleicht gedankenlos weggetreten!? Komm, Gitarrensaite, ich gebe dir Sinn! Laß dich einspannen, dann merkst du es selbst. *(Gl spannt sie ein und spielt auf der Gitarre oder läßt spielen.)*

Vgl. „Kurzg. 2" Nr. 156.

Evangelien: Mt 16,24f: Dienen in der Nachfolge Christi;
Mt 25,14-30: Mit unseren Talenten arbeiten (auch als Spiel denkbar).

76. Wie der Löwenzahn

(eventuell die Karte Nr. 7293 aus dem Kunstverlag D-82488 Ettal, Tel. 0 88 22 / 67 35, Fax 0 88 22 / 7 42 15, die eine Pusteblume in der untergehenden Sonne zeigt, für jeden; sonst einen blühenden Löwenzahn mitbringen oder eine – Vorsicht! – Pusteblume)

Manche fragen sich oft: „Warum die ganze Quälerei? Was hat das alles für einen Sinn?" Am Löwenzahn will ich eine Antwort aufzeigen: Jedes Pflänzchen ist einmalig (= wie du), obwohl es Milliarden davon gibt. Es bringt sich da, wo es steht, ein – wie du auf der Wiese der Menschheit. Der Löwenzahn ist sehr genügsam. In seiner Blüte spiegelt er die Sonne am Himmel wider. Ist er verblüht, scheint alles zu Ende; aber als Pusteblume läßt er seine Samenkörner an vielen Fallschirmen durch die Welt tragen. – Vielleicht lassen wir uns auch vom Wind Gottes anhauchen und tragen unsere je eigenen Talente in die Welt. Dann spüren wir, daß es einen Sinn hat zu leben.

Evangelien: Joh 20,19-22: Er hauchte (= Wind) sie an;
Mt 25,14-30: Unsere Talente einbringen.

77. Einander dienen

(einen Besen mitbringen)

1. *(Gl zeigt den Besen:)* Wer möchte schon gern der „Dumme" sein und den Dreck anderer fegen? Ihr wißt ja, wie viele Finger hochfliegen, wenn ein Gemeinschaftsdienst gefragt ist. Wer aber von Jesus was hält, wer ihm nachfolgen will, muß jetzt gut zuhören:

Evangelien: Lk 22,24-27: Vom Herrschen und Dienen;
Joh 13,4-9.12-15: Jesus wäscht den Jüngern die Füße.

Das Hauptgebot meint zur Hälfte die Liebe zum Menschen und das heißt auch: den Kranken pflegen oder seine Kräfte in der Arbeit den Menschen zur Verfügung stellen. Schule heißt, sich auf diesen Dienst vorbereiten.

2. Der Besen kann uns aber auch noch an eine Geschichte erinnern („Kurzg. 1", Nr. 204): Beppo, der Straßenkehrer, dachte bei seiner Arbeit nicht an die endlos lange Straße, die vor ihm liegt (= das ganze Schuljahr), sondern stets an den nächsten Besenstrich (= heute). Nimm dir jeweils vor, *heute* den Besenstrich sorgfältig zu machen.

Vgl. Nr. 50 in diesem Buch.

78. Die Liebe leben (Hauptgebot)

(einen durchsichtigen Kunststoffschlauch und in einem Gießkännchen oder Krug rot gefärbtes Wasser mitbringen)

Evangelien: Mt 22,35-40: Hauptgebot = Gott und den Nächsten lieben;
Mt 25,40: Was ihr für einen meiner geringsten Brüder und für eine meiner geringsten Schwestern getan habt, das habt ihr mir getan.

58

(Gl hält den Schlauch in U-Form:) An welcher Seite ich das Wasser auch ein-gieße, es steigt in beiden Schläuchen gleich hoch. Die eine Seite nenne ich Näch-stenliebe, die andere Gottesliebe. Wer wirklich dem Mitmenschen hilft, liebt zu-gleich auch Gott – vielleicht unbewußt. Wer aber Gott liebt und das ehrlich meint und versucht, der liebt auch seine Geschöpfe.

Auf Außenseiter zugehen

79. Ganz nahe gehen

(einen Opal im Juweliergeschäft ausleihen und mitbringen)

Dieser Edelstein nennt sich Opal. Er erscheint matt, wird leicht übersehen. Trägt man ihn aber auf der Haut, wo er sich also erwärmt, strahlt er in herrlichen Farben. – Solche zunächst unscheinbaren „Edelsteine" gibt es in jeder Klasse. Wenn sie in die Ecke gedrängt werden, wenn keiner sie entdeckt oder mit ihnen zu tun haben will, bleiben sie ohne Glanz. Wer sie aber anspricht, Vertrauen schenkt, Aufgaben überträgt, ganz nahe geht, der staunt, wieviel Glanz sie entfalten! – Manch ein Ver-ein hat schon gestaunt, was sich aus „grauen Entchen" entwickelte, wenn sie nur einer „entdeckte"!

Jesus ging gerade auf die Außenseiter zu und veränderte sie:

Evangelien: Lk 7,36-50: Jesu Ja zur Sünderin;
Lk 19,1-10: Zachäus;
Lk 23,38-43: Der Mörder am Kreuz;
Lk 15,1-10: Das verlorene Schaf.

80. Die „Wahrheit" kennt viele Seiten

(zwei verschiedene Poster werden in gleichmäßige Streifen geschnitten und ab-wechselnd in ein Leporello geklebt. Der Betrachter von rechts erkennt das eine Motiv und der von links das andere)

Wer von rechts auf dieses Leporello schaut, sieht ein anderes Bild als derjenige, der es von links betrachtet. *(Zwei Kinder schauen und erzählen lassen, dann wech-seln sie die Blickwinkel ...)*

Einer könnte sagen, die Lehrerin war mit ihrer Entscheidung ungerecht. Ein ande-rer fragt sie nach ihrem Grund, und sie wird ihren Standpunkt darlegen, der dann wohl verständlich wird.

Weitere Beispiele: Wie Hausbewohner einen Nachbarn beurteilen, oder wie Jugendliche alte Menschen sehen und umgekehrt.

Die „Wahrheit" hat meist viele Seiten. Jesus versuchte, von beiden Seiten zu sehen, um sich dann entsprechend zu verhalten:

Evangelien: Lk 19,1-10: Jesus kennt die schlechte Seite des Zachäus, spricht ihn aber auf seine gute an;
Lk 7,36-50: Jesus kennt die Sünde der Frau, spricht sie aber auf die Liebe an, die sie ihm zeigt.

Diesen Blick wünsche ich uns für das nächste Schuljahr – er läßt uns gerechter handeln.

(Nach Gerhard Vidal)

Alternativen
„Kurzg. 3", Nr. 30: Ein ruhiges Haus? Bei so vielen kleinen Kindern? Es ist nur deshalb so ruhig, weil die Kinder „totgeschrien" sind, deren Eltern die bösen Telefonate, die Beschwerdebriefe und die Androhung fristloser Kündigung von seiten der Nachbarn verkraften mußten.

für weiterführende Schulen:
„Kurzg. 5", Nr. 23: Ein Achtzehnjähriger wertet den regelmäßigen Kirchenbesuch der Mutter als „Pelzmantelfrömmigkeit", und sie nennt seinen unregelmäßigen Besuch „unerträgliche Faulheit".
„Kurzg. 4", Nr. 131: Jungen haben herausgefunden, daß ein Cola-Automat nach kräftigem Fußtritt eine Colaflasche freigibt, regen sich aber furchtbar auf, als ihnen selbst eine gestohlen wird.

81. Den Spätzündern eine Chance

(eine Yucca-Palme mitbringen)

(Gl zeigt die Palme:) Zunächst wurde ein abgesägtes Stück Stamm eingepflanzt. Dann hieß es lange warten, bis etwas Grünes sichtbar wurde. Schließlich entwickelte sie sich zu einer schönen Zierpflanze.

Wie oft sagen wir von Mitschülerinnen oder Mitschülern: „Die/den kannst du vergessen", „Hoffnungsloser Fall!"? So ähnlich wird bis ins Lehrerzimmer hinein gesprochen. Ein anderer aber hat schon „das Grüne" an ihr/ihm entdeckt und ahnt, daß aus diesem Spätzünder einer wird, der das Leben besteht. Und er begegnet ihm anders! Jedem so begegnen, als wäre das Hoffnungsgrün schon zu sehen!

Evangelium: Lk 13,6-9a: Gleichnis vom Feigenbaum.

B) Mit Geschichten

82. Vertrauen läßt wagen

Aus „Kurzg. 3" Nr. 96 erzählen oder vorlesen: Das Vertrauen zum Vater macht den Jungen stark und mutig, sich in der Schubkarre in luftigen Höhen übers Seiltänzerseil fahren zu lassen, was sonst keiner wagt.

Das Vertrauen zu Vater und Mutter, zu einer Lehrerin oder einem Lehrer kann dich auch stark und mutig machen. Mit dem Vertrauen auf Gott und Jesus fällt es leichter, das alte Schuljahr hinter sich zu lassen und das Wagnis des neuen zu beginnen.

Lesungen: Ex 19,3-6: Ich trage euch wie auf Adlerflügeln;
Mt 14,22-33: Wie Petrus übers Wasser gehen;
Joh 15,9-17: Bleibt mit mir verbunden.

83. Wenn das Schuljahr zum Fest wird

Aus „Kurzg. 1" Nr. 220 erzählen: Jeder der geladenen Hochzeitsgäste hat nur Wasser in den Krug am Eingang geschüttet. Weil jeder nur mit Wasser im Glas anstößt und die Atmosphäre gestört ist, kann das Fest nicht stattfinden. –

Eine Gemeinschaft ist nur so gut wie die Summe der einzelnen. Wer also möchte, daß das neue Schuljahr ab und zu zum Fest wird, weil die Klassengemeinschaft stimmt, der muß sich mit seinen positiven Eigenschaften (= Wein) einbringen.

Lesungen: 1 Kor 12,14-27: Jedes Glied am Körper bringt sich ein;
Joh 15,9-14: Liebt einander.

84. Nur gemeinsam gelingt es

Aus „Kurzg. 1" Nr. 214 erzählen: Die Finger fingen untereinander Streit an, weil jeder sich besser dünkte als der andere. Immer, wenn in einer Klasse verglichen wird, dividiert sie sich auseinander. Gegen Neid und Mißgunst ist kein Kraut gewachsen.

Alternative

„Kurzg. 5", Nr. 150: Einander helfen nützt letztlich jedem selbst. Das erfahren die verschiedenen Glieder des menschlichen Körpers, die dem „faulen" Magen keine Nahrung mehr schicken wollten.

Lesungen: Röm 12,15-18: Seid untereinander eines Sinnes;
1 Kor 12,14-27: Der eine Leib und die vielen Glieder;
Joh 15,9-13: Bleibt in meiner Liebe;
Joh 17,20-23: Alle sollen eins sein.

85. Sich gegenseitig ergänzen (Freunde)

Aus „Kurzg. 4" Nr. 165 erzählen oder vorlesen: Elefant und Maus, zwei Freunde, ergänzen einander: Die Maus kommt auf dem Rücken des Elefanten schneller vorwärts und hat eine herrliche Aussicht. An einer zu hohen Mauer aber kann sie dem Elefanten, der gerne wissen möchte, was es auf der anderen Seite zu sehen gibt, gute Auskunft geben, weil sie unter der Mauer ein Loch graben und nachsehen kann.

Alternative

„Kurzg. 4", Nr. 119: Zwei kindliche Freunde ergänzen einander. Der Vater von Benjamin möchte aber, daß sein Sohn sich „nach oben" orientiert, weil Josef geistig etwas zurückgeblieben ist. Benjamin aber verteidigt seine Freundschaft: „Josef sieht draußen viel mehr als ich! Und es ist doch gut für Josef, daß er mich hat, damit er sich 'nach oben' orientieren kann."

Evangelium: Mt 25,14-30: Wenn wir die unterschiedlichen Talente, die Gott jedem von uns geschenkt hat, „in Umlauf bringen", gelingt das Miteinander leichter.

Alternative

als Negativbeispiel: „Kurzg. 2", Nr. 170: Die vielen Schaufeln einer alten Mühle arbeiteten gegeneinander, bis das Mühlrad auseinanderbarst. Nun konnte der Generator keinen Strom mehr erzeugen, und die Häuser blieben dunkel.

Alternative

als Warnung: Was geschieht, wenn ich neben einen „gesunden Apfel" einen ange-
faulten (= schlechter Freund) lege? Er steckt ihn an. Darum ist ein gewisser Abstand nötig. Aber auch nicht völlig ausgrenzen, denn:

Evangelium: Lk 13,6-9: Vielleicht bringt er doch noch Frucht.

86. Gemeinschaft mit Ausländern

Aus „Kurzg. 2" Nr. 174 vorlesen oder erzählen oder die „Schmetterlinge" auf Kinder mit verschiedener Hautfarbe und Nationalität übertragen: Drei verschiedenfar-
bige Schmetterlinge suchen im plötzlichen Regenguß einen Unterschlupf, aber die
angefragten Blumen möchten immer eine Farbe ausschließen. Darauf lassen sich
die drei Freunde aber nicht ein. Sie halten zusammen und nehmen die Einladungen nicht an, die einen von ihnen ausschließen – bis die Sonne wieder scheint.

Evangelien: Joh 17,20-23: Alle sollen eins sein;
Mt 15,21-28: Eine kanaanäische Heidin bittet für ihr Kind. (Diese
Begebenheit zeigt, daß auch Jesus einen Entwicklungsprozeß durch-
machte, da er sich zunächst nur für sein Volk gesandt sah.)

87. Kameradschaft unter Schülern

Wenn sich in der Klasse eine gute Kameradschaft entwickelt, verliert das Schulle-
ben an Härte. Wie sieht Kameradschaft aus?

Aus „Kurzg. 2" Nr. 10 erzählen: Die Jungen eines Zimmers im Waisenhaus teilen
ihre – damals äußerst kostbare – Apfelsine durch das Abgeben je eines Scheib-
chens so, daß für den bestraften Jungen auch eine Apfelsine herauskommt.

Lesungen: Kol 3,12-15: Bekleidet euch mit aufrichtigem Erbarmen;
Röm 12,15-18: Seid untereinander eines Sinnes;
Joh 15,9-15: Ihr seid meine Freunde.

Alternative

als Negativbeispiel: „Kurzg. 3", Nr. 135: Ein wilder Bär stößt auf zwei Freunde,
von denen der eine sich sofort auf einen Baum flüchtet und der andere auf die Erde legt und tot stellt. Diesen beschnüffelt der Bär an Ohren und Zwerchfell und
geht weiter. – „Was hat er dir denn ins Ohr geflüstert?" will der Freund auf dem
Baum nachher wissen. „Daß die keine Freunde sind, die in der Not weglaufen", er-
hielt er zur Antwort.

88. In der Übung bleiben

Was für den Fleiß gilt, gilt auch für das Gespräch mit Gott: Die Nr. 100 aus „Kurzg. 3" erzählt von den Erfahrungen eines Konzertpianisten: Wenn er drei Tage nicht übt, merkt es sogar das Publikum, d.h. erst ständige Übung macht den „Meister".

Der Fleiß stärkt meine positiven Kräfte. Wer in der Schule – er darf ruhig weniger talentiert sein – das zähe Arbeiten und Ringen mit einem Problem gelernt hat, wird später im Beruf diese Zähigkeit und Ausdauer einbringen können, was seine Lebensfreude stärkt.
(Gl kann von seinen eigenen Erfahrungen als Schüler/in sprechen!)

Auf der Ebene der Freundschaft mit Gott gibt es ähnliche Erfahrungen.

Evangelium: Mt 25,14-30: Unsere Talente entfalten lernen.

89. Es kommt auf unsere Einstellung an

Aus „Kurzg. 1" Nr. 197 und/oder 196 erzählen: Wer unbedingt etwas erreichen will (im Sport, in der Musik, im Tanz), dem gelingt es, die kleinen Berge seiner Bequemlichkeit und Unzulänglichkeit zu versetzen. Es kommt ganz auf die Einstellung und die positive Sicht an: Ist zum Beispiel eine halbvolle Tasse halb voll oder halb leer?

Es gibt einen, der uns im täglichen Bemühen begleiten und unterstützen will:

Evangelium: Joh 15,4-6: Bleibt mit mir verbunden.

Alternative
„Kurzg. 4", Nr. 174: Eine alte, durch Krebs dem Tod geweihte Frau sprengt noch einmal den Rahmen ihrer Möglichkeiten, weil ihr Wille Berge versetzt: Sie sorgt erst dafür, daß ihre Enkel, deren Eltern bei einem Verkehrsunfall ums Leben kamen, in sicheren Händen sind. Dann kehrt sie in die Klinik zurück und verfällt in wenigen Tagen.

90. Tüchtige Leute gesucht

Aus „Kurzg. 1" Nr. 207 erzählen: Der sterbende Winzer erzählt seinen Söhnen von einem „vergrabenen Schatz" im Weinberg. Voller Eifer graben sie den ganzen Weinberg um, der ihnen ihre Mühe mit großer Fruchtbarkeit vergilt.

Das Wissen aus der Schule geht schnell verloren, aber die Eigenschaften, die ich hier lerne, begleiten mich ein ganzes Leben: sich durchsetzen, Geduld mit mir selbst und anderen lernen, sich bei einer schwierigen Aufgabe „durchbeißen", Mutlosigkeit durch Tadel oder schlechte Noten (sogar durch Ungerechtigkeit!) wegstecken lernen, Sitzfleisch entwickeln ...

Es gibt einen, der uns in unserem Bemühen begleiten will:

Evangelien: Mt 18,20: Ich bin allezeit bei euch;
Joh 15,4-6: Bleibt mit mir verbunden.

91. Nie aufgeben!

Aus „Kurzg. 1" Nr. 206 erzählen: Ein Felsblock, den ich zerteilen will, erträgt viele Schläge. Wenn er schließlich auseinanderbricht, so waren auch die hundert Schläge vorher am Erfolg beteiligt.

Immer wieder warten im Leben Felsblöcke auf uns. Jetzt ist es die Schule. Auch wenn ich in meinem Bemühen zeitweise keinen Erfolg sehe, so verändert aber mein Ringen doch etwas in mir, meiner Umgebung und auch in der Aufgabe selbst (vgl. Nr. 90 in diesem Buch).

Es gibt einen, der uns in unserem Bemühen begleiten will:

Evangelien: Mt 18,20: Ich bin allezeit bei euch;
Joh 15,4-6: Bleibt mit mir verbunden.

Alternative
„Kurzg. 1", Nr. 205: Nicht von heute auf morgen, aber mit der Zeit kann ich manches verändern. Ein Straßenbahnfahrer rodet in den sieben Minuten Pause am Fahrtziel das wuchernde Gestrüpp und verwandelt den Platz allmählich in eine schöne Anlage.

92. Sich Mühe geben

Das „Märchen von der Wunderblume" wird mit den Gegenständen **Hacke**, **Gießkanne** und **Bast** erzählt:

Zwei Schwestern möchten die Wunderblume finden, die das große Glück verheißt: die schöne versucht die bequeme Tour; aber das „Mauerblümchen", das aufmerksam und fleißig ist, findet sie.

(Diese Geschichte von Max Bolliger finden Sie in der „Kibö" 87-1, Seite 6, oder in meinem Buch „Geschichten als Predigten", Grünewald/Mainz 1995, 3. Auflage, Seite 106ff)

Ohne Fleiß fliegt dir am Ende des Schuljahres die „Wunderblume" in Gestalt eines guten Zeugnisses nicht zu. Und nur die Anerkennung deiner Bemühungen kann dich bis ins Herz freuen, macht dich „schön"; dabei darfst du allerdings nicht vergleichen, denn Gott hat unterschiedlich viele Talente ausgeteilt.

Evangelium: Mt 25,14-30: Wer weniger Talente anvertraut bekam, braucht auch weniger am Ende vorzuweisen. Nur der Faule, der sein Talent vergrub, wird getadelt.

93. Verantwortung übernehmen

Lesung: Ri 9,8-15 (oder aus „Kurzg. 3", Nr. 77): Fabel vom König der Bäume. Weil die geeigneten „Bäume" die Verantwortung ablehnen, sticht schließlich der Dornstrauch (= der ungeeignete, der aber annimmt, weil es keiner sonst machen will) nur um sich und errichtet eine Schreckensherrschaft.

Zu Beginn eines Schuljahres stehen etliche Gemeinschaftsaufgaben an, die verteilt werden. Alles Drückeberger? Verantwortung an kleiner Stelle macht fähig, später größere Verantwortung zu übernehmen.

Wer zu Jesus gehört, darf sich zu nichts zu schade sein, denn der Herr und Meister war bereit, einen Dienst zu übernehmen, zu dem damals selbst ein Sklave nicht gezwungen werden durfte:

Evangelium: Joh 13,1-20: Fußwaschung.

94. Die Niederlage einüben

Aus „Kurzg. 2" die Negativgeschichte Nr. 191 erzählen: Als der Läufer zusammenbrach, standen die Trainer ratlos: Alles hatten sie trainiert, nur nicht die Niederlage.

Und im selben Band positiv die Nr. 157: Während des 5000-Meter-Laufes bei den Olympischen Spielen in Helsinki stürzte der führende Läufer. Er ging aber nicht weinend von der Aschenbahn, sondern lief weiter – wenn auch hinter den drei Siegern durchs Ziel: Er hatte über sich selbst gesiegt.

In der Schule gibt es oft genug die Gelegenheit, mit Niederlagen zu leben. Sie können dich stärker machen, wenn du die Herausforderung annimmst. Einer hilft dir dabei:

Evangelien: Mt 18,20: Ich bin allezeit bei euch;
Joh 15,4-6: Bleibt mit mir verbunden.

II. Weiterführende Schulen

A) Mit Symbolen

Selbstfindung / Selbstverwirklichung

95. Im Käfig unserer Sehn-Süchte

(einen Vogelkäfig aufstellen, dessen Türchen offensteht)

Der Käfig (= die Schule, das Zuhause) ist auch ein gewisser Schutz für den „Vogel". Allzu freies Leben – das zeigen uns einige Schüler/innen – gefährdet, hat es manchmal schwerer als ein behütetes.

Der Käfig isoliert aber auch, macht einsam. Ich muß aus meinem Egoismus heraus, um anderen wirklich zu begegnen (= zuviele Computerspiele, Abhängigkeiten?). Wie gehe ich mit der Freiheit um, die mir die Schule schon ein wenig einräumt? Und wenn nicht: Wie erkämpfe ich mir Freiräume?

Evangelium: Joh 11,17-44: Lazarus, komm heraus *(erzählen)*

(Zettel, auf die Fürbitten geschrieben werden, auf den Käfig hängen.)

(Nach einer Idee von Eva Polednitschek-Kowallick, in: Die Mitarbeiterin 5/95, S. 30f.)

96. Rose von Jericho

(gleichnamige Wüstenpflanze in einer Gärtnerei besorgen; wenn sie ca. drei Stunden ins Wasser gelegt wird, obwohl sie vielleicht Jahrzehnte trocken lag, geht sie auf)

Du bist wie eine Blume, die Wasser braucht, um sich zu entfalten.

Lesung: Ps 1,1-3: Wer an Wasserbächen gepflanzt ist, dem wird alles gut gelingen, was er tut.

Das Wasser, das dich am Leben erhält, könnte deinen Verstand bedeuten und alles Training des Geistes und des logischen Denkens, das in der Schule geübt und vervollständigt wird.

Es gibt auch noch das Leben der Seele: Mit einem Wasserguß bei der Taufe begann die Freundschaft mit Jesus, der dich an die Hand nehmen will, weil er den Weg kennt; alle „Weisungen des Herrn", alle Worte Gottes tragen mit zum Gelingen im Leben bei; viele Menschen haben schon erfahren, wie die Religion eine Kraftquelle ist. Wer so langsam „aufblüht", bekommt Selbstvertrauen auf dem Weg zum Klassenziel.

Wer in die offene „Rose" ein kleines Geschenk legt, sie wieder trocknen läßt, damit sie sich schließt, kann damit eine besondere Freude bereiten: Bringt der/die Beschenkte die „Rose" durch Wasser wieder zur Entfaltung, gibt sie das Geschenk frei. Auch das kann ich symbolisch sehen: Wir geben erst im Öffnen zu anderen hin unsere Schätze frei ...

(Nach Ulrich Frey, D-95659 Arzberg-Rothenbach)

97. Viele Seelen in meiner Brust

(eine russische Marioschka- oder Matruschka-Puppe, die auseinandernehmbar ist, mitbringen; in jeder steckt wieder eine kleinere)

Lesungen: Eph 6,10-18: Aufruf zum Kampf;
Mt 5,43-48: Liebet eure Feinde.

(Gl nimmt eine Puppe nach der anderen heraus und erzählt dazu:) In jedem von uns stecken viele Möglichkeiten. Es ist wie mit dieser Marioschka-Puppe: Ich kann immer wieder neue Puppen herausholen. Da stecken in mir der Motzer und die Höfliche, das Mauerblümchen und der Rebell. Kaum zu glauben, was alles in mir steckt: der Playboy und der Clown, das Aschenputtel und eine Wölfin, der Verführer und die Träumerin, der Sadist und die Zärtliche! Kaum zu glauben, was alles in mir steckt: der Pascha und das stille Wasser, die Romantische und der Vulkan, der gute Engel und ein Teufel, Abel und Kain, Mörder und Opfer, Säufer und Schwein, Macho und Kind ...

(Nach H. J. Coenen: Freiheit, die ich meine, Patmos 95, Seite 20)

Schulzeit ist auch Bewährungszeit, das Gute in mir stark zu machen und das Böse abzuschwächen, damit ein Miteinander möglich wird.

98. Biegsam zum Korb bereit

(Weidenruten, wie sie zum Korbflechten gebraucht werden, mitbringen; einige davon wurden vorher im Wasser eingeweicht, einige sind noch naturbelassen)

Wollte ich mit diesen trockenen Weidenruten einen Korb flechten, gelänge mir das nicht: sie brechen und splittern (= laß mich in Ruhe; stur, unnachgiebig sein; sich auf nichts Gemeinsames einlassen). Diese Ruten hier wurden in Wasser eingeweicht und sind dadurch biegsam (Wasser = sich öffnen für alles Gemeinsame; in der Taufe auch Beginn der Freundschaft mit Jesus und Eintritt in eine Gemeinschaft). Mit diesen kann ich einen Korb flechten: Ein fertiger Korb ist wie eine Klasse, die zusammenhält und fähig ist, Lasten zu tragen.
Ziel: Über andere zu mir selbst finden.

Evangelium: Joh 13,12-15: Fußwaschung; dient einander!

(Nach Stephanie Spendel in „KiJu" Juli/August 85: „Aus vielen Zweigen ein Korb")

99. Wir verkaufen nur den Samen

(ein Tütchen Blumensamen – eventuell für jeden – mitbringen)

Aus „Kurzg. 1" Nr. 199 erzählen oder Solo spielen: Ein/e Schüler/in wünscht sich zum Beginn des neuen Schuljahres vom Engel hinter der Theke „alles, was er/sie will": der Wissensstoff fliege einem nur so zu, tolle Lehrerinnen und Lehrer, gute Noten, super Klassengemeinschaft, viel hitzefrei ... Der Engel unterbricht: „Wir verkaufen nur den Samen!" (= das Gewünschte steckt alles schon in dir, du mußt es nur aussäen und begießen: Dann werden die Früchte nicht lange auf sich warten lassen).

(Jetzt geht Gl rund und „sät":) Ich wünsche euch ein gutes Klima zum Wachsen von Gemeinschaft, Wissensdurst, Rücksicht, Freude, Glauben, Hoffnung ...

Evangelium: Mt 13,31f: Vom kleinen Senfkorn, das zum Baum wurde, unter dem auch noch andere Schutz suchen können und in dem Vögel zwitschern.

So tragen wir auch zum Wachsen des Reiches Gottes bei.

100. Schiff in Seenot?

(Bild von einem Schiff, das mit den Wellen kämpft, mitbringen, und die unten angegebenen Gegenstände)

Evangelium: Mk 4,35-41: Sturm auf dem See.

Für viele ist das neue Schuljahr keine ruhige Fahrt. Da gibt es nicht nur die hohen Wellen der Klausuren und Auseinandersetzungen mit Lehrerinnen und Lehrern, mit Mitschülern und Mitschülerinnen, da drohen auch am Horizont die Wellen der Gewalt und der eventuellen Arbeitslosigkeit.

Hilft mir ein schlafender oder wacher Jesus, wenn ich mal keine Arbeit kriege? Das ist eine Frage des Vertrauens, die sich schon in Kleinigkeiten zeigt. So soll dieser **Kompaß**, den das Schiff braucht, sagen: Gefragt sind auf der Fahrt das Gewissen jedes einzelnen, Ehrlichkeit, Treue, Zuverlässigkeit, Pünktlichkeit, Verzeihen ..., alles Wörter, die heute nicht „in" sind. Wir brauchen einen **Rettungsring** (= Freunde ...); da bietet sich auch Jesus an. Ein **Leuchtturm** (= Vorbilder, Orientierungspunkte ...) ist dabei gefragt ...

101. In der Wettkampfarena

(eine Startnummer, ein Staffelholz, einen Siegeskranz mitbringen)

Lesung: 1 Kor 9,24-27: Lauft so, daß ihr den Siegespreis erlangt.

Diese **Startnummer** möchte ich am liebsten einem von euch umbinden, um auszudrücken: Es geht wieder los! – Gut drauf und erholt? Das wäre das beste Vortraining. Manches verrät auch das **Staffelholz**: Wenn die „Gemeinschaftsproduktion" zwischen Schüler/innen und Lehrer/innen oder unter den Schülern und Schülerinnen nicht klappt, gewissermaßen der Staffelstab öfter hinfällt, dann dauert es länger bis zum Ziel! Der **Siegeskranz** bedeutet: sich im Wettkampf mit den anderen selbst finden, sich selbst verwirklichen, um es am Ende im Zeugnis schriftlich zu haben, daß das Klassenziel erreicht wurde.
Der Lauf eines Christen in der Wettkampfbahn des Lebens ist ähnlich: Meine Talente entfalten und auf die Gemeinschaft zugehen. Mit Jesus an der Seite und mit dem „Rückenwind" seines Geistes fällt alles leichter.

Evangelien: Mt 25,14-30: Unsere Talente einbringen;
Joh 15,9-11: Bleibt in meiner Liebe.

(Nach Ludwig Wöß, A-4111 Walding)

Gemeinschaft

102. Gemeinsam sind wir stark

(mehrere Haselnußstecken mitbringen und je ein blaues und rotes Band)

Aus „Kurzg. 1" Nr. 216 erzählen: Der einzelne Stab ist leicht zu brechen, viele Stäbe zusammen sind nicht zu bezwingen. Was macht uns stark? Das Vertrauen

(= blaues Band um die Stäbe wickeln) zueinander, auf Eltern und Lehrer/innen, auf Gott ... macht unüberwindbar **und** die Liebe *(= rotes Band um die Stäbe wickeln)* zueinander.

Lesungen: 1 Kor 12,21-27: Die einzelnen sind gemeinsam stark;
Mt 7,24-27: Auf Felsen bauen wir, wenn Vertrauen und Liebe uns verbinden.

103. Viele Seile, die tragen

(einige Springseilchen, die zum Netz zusammengelegt werden, mitbringen oder ein fertiges Netz)

In jeder Klasse gibt es Schüler/innen, die leicht durch alle Netze der Gemeinschaften (= Familie, das soziale Netz, Klassengemeinschaft) sausen. Wenn das eine Klassengemeinschaft oder eine Schule verhindern will, muß sie sich klar werden, aus welchen Seilchen (= Kräfte) eine Gemeinschaft zusammengesetzt ist: Vertrauen, Treue, Liebe, Zuverlässigkeit, Gemeinschaftssinn, Freundlichkeit; auch die annehmen, die anders sind; denen verzeihen, die Fehler machen ... *(weitere Begriffe suchen lassen).* Jeder Begriff ist wie ein Seil, aus dem das Netz der Gemeinschaft geflochten ist. Ob es jetzt stark genug ist, eine Schülerin oder einen Schüler zu tragen? *(Eine/r legt sich auf die Seilchen, andere heben hoch:)* Ganz schön anstrengend – nicht wahr? Und Fingerspitzengefühl gehört auch dazu!

(Nach einer Idee von Jörgpeter Birke)

Lesungen: Gal 5,14-16.19-26: Aus welchem Geist heraus Gemeinschaft möglich wird;
Mt 14,22-33: Wie Jesus Petrus über Wasser hielt, vermögen das auch seine verlängerten Arme, die Christen!

104. Es darf nicht hereinregnen

(beschriftete „Dachziegel" werden auf ein Gerüst aus Dachlatten gelegt)

Unsere Gemeinschaft, die wir in jeder Klasse versuchen, möchte ich mit einem Dach vergleichen, das keinen Regen durchläßt, sonst sind die Schäden nämlich groß. Hoffentlich können wir es ganz mit diesen Dachziegeln bedecken! Es gelingt, wenn ihr genügend Eigenschaften nennt, die eine gute Gemeinschaft ausmachen: ehrlich zueinander sein, einander vertrauen, kameradschaftlich sein, Fehler einsehen, liebevoll miteinander umgehen ... So kann es nicht hereinregnen!

Lesungen: Gal 5,14-16.19-26: Was das Miteinander schön macht;
Mt 22,35-40: Hauptgebot.

105. Kette oder Seil

(eine Kette; ein Seilchen, z.B. ein Stück Gardinenkordel mitbringen)

In der Schulbank kann ich gut träumen – von Karriere und Erfolg, vergleichbar mit dieser Kette: Ich wünsche mir Freunde, Gesundheit, Erfolg, Geld ..., alles wichtig, aber Vorsicht! Wenn ein Glied dieser Kette bricht, dann verlieren auch alle anderen ihren Wert.

Mit diesem Seil, aus vielen kleinen Seilchen zusammengeschlungen (übrigens um ein Seilchen in der Mitte, das „Seele" genannt wird), gehe ich sicherer; denn wenn da etwas zerreißt, können die anderen Seilchen immer noch halten. Dieses Seilchen steht für Gemeinschaft mit all ihren Vorteilen wie Vertrauen, Verzeihen, Liebe, Kameradschaft ... Die „Seele" könnte Jesus bedeuten, der uns seit der Taufe Freundschaft versprochen hat.

Evangelium: Joh 15,9-17: Bleibt in meiner Liebe.

(Nach Bernard Benson)

106. Eine verschworene Gemeinschaft

(einen Fußball und eine Ballpumpe mitbringen)

Lesungen: 1 Kor 12,20-27: Alle Glieder des einen Leibes sorgen einträchtig füreinander;
Joh 17,20-23: Alle sollen eins sein.

Die vielen verschiedenen Lederstückchen dieses Fußballs müssen untereinander sauber vernäht sein, wenn innen die Blase (= der Klassengeist) nicht gefährdet werden soll. Auf jedes Lederstückchen kommt es an. Die einzelnen Teile müssen gepflegt werden (= miteinander reden, Gemeinschaft erfahren). Dann wird das neue Schuljahr ein „Heimspiel". Ich pumpe noch etwas Luft (= Kraft von außen = Heiliger Geist, Freude, Begeisterung) ein!

(Frei nach Werner Eizinger)

107. Wie das Miteinander gelingt

(ein Mobile vorbereiten, das von einer brennenden Kerze in Bewegung gehalten wird; die einzelnen Teile können mit Symbolen geschmückt sein, wie Kreuz, Anker, Herz, Regenbogen, Friedenstaube etc.)

Lesungen: Röm 12,20-21: Wie das Miteinander gelingen kann;
Joh 15,9-17: Bleibt in meiner Liebe.

Ob es im neuen Schuljahr schön wird, hängt von jedem einzelnen ab. Wir schauen auf das Mobile: Kein Element daran lebt für sich allein, alle sind miteinander verbunden. Kommt ein neuer Schüler hinzu, müssen sich alle anderen neu einpendeln. Die Größeren halten die kleineren Elemente. Obwohl alle ständig in Bewegung sind, stößt keiner beim anderen an. Würde sich jeder ein Beispiel am Mobile nehmen, dann wäre die gute Atmosphäre gesichert, besonders, wenn wir uns „von oben" (= Gott) halten lassen und uns auf die Flamme (= Christus) einlassen, deren aufsteigende Wärme (= Heiliger Geist) uns in Bewegung hält.

Hier paßt auch gut die Geschichte von der Spinne, die den Faden „nach oben" an dem sie einmal herabgekommen war, durchbeißt, weil sie in ihm keinen Sinn mehr sah. Siehe „Kurzg. 1" Nr. 180.

108. Miteinander verbunden

(einen bunten Wollfaden von ca. 1 m Länge für jeden mitbringen)

Alle Menschen sind Kinder Gottes, wir haben ja einen Vater (eine Mutter), den wir Gott Vater, andere Jehova oder Allah ... nennen. Als Zeichen dafür, daß wir alle durch unseren Ursprung miteinander verbunden sind, knüpfen wir unsere Wollfäden zu einem Netz zusammen. Danach:

Lesungen: 1 Kor 12,21-27: Nur gemeinsam sind die einzelnen stark;
Mt 7,24-27: Wir bauen auf Felsen, wenn Liebe und Vertrauen uns verbinden;
Joh 15,9-17: Bleibt in meiner Liebe.

Wenn wir in Glauben und Liebe eng miteinander verknotet sind, können wir auch die wie im Netz mittragen, die sich zeitweise „vater-" oder „mutterlos" fühlen. – Christus hat **alle** Menschen erlöst. Diese befreiende Weite sollte durch Christen in der Schule spürbar werden, wenn Ausländerfeindlichkeit, Konfessions- und Religionsgrenzen drohen.

(Eventuell hängt das Netz noch eine Zeitlang im Foyer der Schule, um zu erinnern.)

Frieden

109. Nicht übereinander, sondern miteinander

(drei Siebe mitbringen)

Wer zum Frieden in der Schule und der Klassengemeinschaft beitragen möchte, muß seine Zunge kontrollieren. Konfuzius, ein chinesischer Philosoph, der 500 Jahre v. Chr. lebte, sagte einmal: „Wenn die Sprache nicht stimmt, so ist das, was gesagt wird, nicht das, was gemeint ist; ist das, was gesagt wird, nicht das, was gemeint ist, so kommen die Werke nicht zustande; kommen die Werke nicht zustande, so gedeihen weder Moral noch Kunst; gedeihen Moral und Kunst nicht, so trifft die Justiz nicht; trifft die Justiz nicht, so weiß die Nation nicht, wohin Hand und Fuß setzen. Also dulde man keine Willkürlichkeit in den Worten." (Vgl. „Kurzg. 5" Nr. 156).

Ein griechischer Weiser, Sokrates, ca. 400 v. Chr., gab uns für den Sprachgebrauch drei Siebe in die Hand, durch die wir alles Gehörte zunächst schütteln sollen:
(Gl nimmt das erste Sieb:) Das Sieb der Wahrheit: Habe ich überprüft, ob es stimmt, was ich weitererzähle?

Zweitens *(Gl nimmt das zweite Sieb)* das Sieb der Güte: Ist es etwas Gutes, was du mir vom anderen erzählen willst?
Und drittens *(Gl nimmt das dritte Sieb)*, das Sieb der Notwendigkeit: Nutzt es anderen und mir, was du mir sagen willst?
Wer diese Fragen verneinen muß: Belaste dich, mich und uns nicht mit dem, was unser Miteinander gefährdet.
Was können zum Beispiel „schwarze Wörter" anrichten wie „kaputter Typ", „Ohne dich klappt alles besser", „Wir haben dich nicht vermißt"! Umgekehrt aber: wie freundlich fallen Worte ins Herz wie „Ich mag dich", „Ohne dich hätten wir das nie geschafft", „Das hast du super hingekriegt" ...!

Lesungen: Jak 3,4-12: Von der Macht der Zunge;
Mt 12,33-37: Über jedes unnütze Wort werden wir Rechenschaft
ablegen müssen.

75

110. Rufmord ist nicht wiedergutzumachen

(mitbringen: eine Bettfeder für jeden, ein Kopfkissen; Umrisse einer Friedenstaube aus Styropor)

Lesungen: 1 Kor 12,26f.: Wenn ein Glied leidet, leiden alle mit;
Joh 15,4-5: Bleibt mit mir verbunden.

Wenn ich die Federn aus diesem Kopfkissen an einer zugigen Straßenecke ausschütte, werde ich sie niemals wieder alle zusammenlesen können, weil der Wind sie in alle Himmelsrichtungen zerstreut. Ebenso verhält es sich mit Verdächtigungen – aufgebläht oder entstellt – , die ich über eine Lehrerin oder einen Lehrer oder über eine Mitschülerin oder Mitschüler verbreite. Wer den guten Willen hat, nicht am Rufmord schuldig zu werden, kann seine Feder jetzt in die Umrisse dieser Friedenstaube, die rundgereicht wird, stecken.

111. Den richtigen Ton treffen

(eine Stimmgabel mitbringen)

Lesungen: 1 Kor 13,4-7.13: Was die Liebe vermag;
Mt 22,35-40: Hauptgebot der Liebe.

Mit dieser Stimmgabel kann ich den richtigen Ton finden, der uns alle in Schwingung bringt, damit ein harmonisches Miteinander gelingt. In den vielen Begegnungen und Diskussionen, die vor uns liegen, können wir den richtigen Ton finden, wenn wir auf die Liebe hören, auf eine gute Gemeinschaft hoffen und dabei auch aus einem gemeinsamen Glauben schöpfen. Das heißt kurz: sich auf die Melodie Gottes einlassen!

112. Frieden schaffen

(mitbringen: eine große Taube mit Ölzweig im Schnabel = Friedenstaube; eventuell für jeden einen Button mit einer Friedenstaube zum Anstecken oder ein entsprechendes Lesezeichen; Zettel in Gestalt kleiner Tauben und Stifte für jeden)

Tauben landen lautlos: Ein kleiner Hinweis, wie wichtig die Stille ist, in der Frieden entstehen kann – dieses Bildnis der Taube wurde ja zum Symbol für den Frieden. Es stimmt: Türen, leise geschlossen, oder eine Schulklasse, die still sein kann, das sind schon Augenblicke, die Frieden an der Schule wachsen lassen.

Tragt bitte auf euren kleinen Tauben all das ein, was sonst noch zum Frieden beitragen kann, und heftet sie dann vorne auf oder um die große Friedenstaube.

Wer den Frieden in der Welt will, muß dort damit anfangen, wo er lebt.

Eventuell aus „Kurzg. 4" Nr. 142 einsetzen: Wie leicht das „Friedensfest" gestört ist! Eine Klasse bastelt schöne Friedenstauben und hängt sie im Klassenraum auf. Ahnungslos öffnet ein Junge die Klassentür, um etwas zu fragen. Durch den entstehenden Durchzug verheddern sich die Papiertauben, und sofort ist ein kriegerisches Gekreische zu hören ...

Lesungen: Gen 8,6-12: Die Taube mit dem Ölzweig;
Mt 5,9: Selig, die Frieden stiften

Glauben / Jesus / Kirche

113. Glaubenserfahrungen zusammentragen

(ein Puzzle mitbringen)

Jeder Mensch ist Kind Gottes. Wer sich für Gottes Geist öffnet, kann Gültiges über ihn aussagen. Aber oft sind wir wie Blinde (vgl. „Kurzg. 1" Nr. 106), die „Offenbarungen" brauchen. Seit der Taufe ist uns Gottes Geist im besonderen Maße zugesagt. Eine Privatisierung des Glaubens nimmt ihm die Gemeinschaftserfahrung. Es ist wie mit diesem Puzzle: Auf der Unterlage (= Kirche, die auch kritisch zu den einzelnen Glaubensbekenntnissen Stellung beziehen darf, damit sich nicht jeder was zurechtzimmert) bringt jeder sein Puzzlestück der Glaubenserfahrung ein.

Erst im Zusammenlegen mit den Erfahrungen der anderen erhält der Glaube seine Einheit und Ganzheit. Darum beginnt das Glaubensbekenntnis auch mit „**Ich** glaube ...". Aber es gibt auch das Kirchengebot, am Sonntag **gemeinsam** Gott zu ehren und der Auferstehung Christi zu gedenken. Das wäre doch eine gute Absicht zum Beginn des Schuljahres: Unsere Glaubenserfahrungen – positive wie negative – offen nennen und zusammentragen, was uns weiterhilft.

(Nach Hertle/Seller; vgl. „122 Symbolpredigten", Grünewald/Mainz 1994 3)

Evangelium: Mt 8,5-13: Das Vertrauen des Hauptmann von Kafarnaum übersteigt das der gläubigen Israeliten.

114. Jesus – unser Lot

(ein Lot mitbringen)

Evangelium: Mt 7,24-27: Sein Lebenshaus oder das Schuljahr auf festen Grund bauen.

Mit solch einem Lot werden beim Hausbau Wände ausgelotet, um Abweichungen festzustellen. Ein neues Schuljahr ist mit einem Hausbau zu vergleichen, der auch oft ein ganzes Jahr in Anspruch nimmt. Wenn dabei das Sprichwort zitiert werden kann „Es ist alles im Lot", bedeutet das: Es steht gut um das Schuljahr und die Klasse. Wenn sie aus dem Lot gerät, wenn alles drunter und drüber geht, wenn sich bei langer Krankheit der Lehrerin oder des Lehrers keiner so recht verantwortlich fühlt, dann wird manches schief, was am Haus später unverkennbar ist.
Wenn wir das Schuljahr hier unter dem Kreuz beginnen, will das ausdrücken: Jesus ist unser Lot, der auch die Außenseiter nicht übersah, der seine Worte gegen Fassaden und Ungerechtigkeiten richtete und für seine Freunde und im Auftrag Gottes in den Tod ging. So kam Licht und Hoffnung in die Welt, die wir als Getaufte weitertragen.
(Hier kann auch mit einem Magnet [= andere Einflüsse] das Lot aus der Senkrechten gezogen werden: Welche Kräfte an der Schule können uns von dem wegziehen, in dessen Gefolgschaft wir stehen?)

(Nach einer Idee der Pfarrei St. Theresia, D-40595 Düsseldorf)

115. Wir – ein Brief Christi

(Für jeden einen Briefumschlag mit der Aufschrift „Ihr seid ein Brief Christi" [2 Kor 3,3] mitbringen, darin eine Karte mit dem Satz „Ihr seid von Gott geliebt" [Kol 3,12] *oder* „Ich habe dich in meine Hand geschrieben" [Jes 49,16] *oder* „Ich bin bei euch alle Tage" [Mt 28,20])

(Hinweis: In den Brief noch nicht hineinschauen!)

78

So wie Jesus ein Brief („Wort") von Gott ist, sandte er seine Apostel aus als Boten seiner Frohbotschaft. Das sind wir heute!

Lesung: 2 Kor 3,1-6b: Ihr seid ein Brief Christi.

Wir öffnen die Briefe, um die Botschaft Gottes an uns zu lesen. Danach tauschen wir einmal die Karten.

Evangelium: Mt 9,35-10,8: Er sandte sie durch Städte und Dörfer.

Wir sind heute die Empfehlungsschreiben Gottes, die einzige Bibel, die draußen noch gelesen wird. Wird mein Christsein in diesem Schuljahr eine Empfehlung?

116. Wie Salinen

(für jeden abgebildete Grafik auf dem Gottesdienstblatt kopieren)

Evangelium: Mt 5,13: Ihr seid das Salz der Erde.

Ihr seid das Salz Gottes an der Schule! Vielleicht auf folgende Weise: Es gibt salzhaltige Quellen, die auf ca. 10 - 15 Meter hohe Hecken aus Reisig geleitet werden und dann langsam nach unten rieseln. Dabei wird dem Quellwasser sein Geheimnis entlockt: Die Salzkristalle bleiben an den feinen Ästchen hängen und erfüllen die Luft mit heilender Kraft. Deshalb kommen viele Menschen, die an den Atmungswegen erkrankt sind, um diese gute Luft einzuatmen und daran zu genesen.

(Nach Pfarrbriefmaterialdienst Image, Bergmoser+Höller Verlag, Aachen, 11/95, S. 6)

Jesus sagt nicht: Ihr **sollt** Salz sein, das die Atmosphäre der Schule verbessert. Er sagt: „Ihr **seid** es!" Wenn das, was Jesus gesagt hat, durch uns in die Welt hinauswirkt, dann wird es von den anderen nicht zertreten und belächelt, weil es seine Wirkkraft zeigt: Wir tragen zum Frieden und zur Gemeinschaft bei; wir erkennen einander an und bieten unsere Mithilfe an, wenn Freiwilligkeit gefragt ist.

117. Durchhalten in einer kirchenfeindlichen Umgebung

(Pullover, Schuhe mit Profilsohle, Regenschirm mitbringen)

Lesungen: 1 Petr 2,4-10: Wir als lebendige Steine;
Joh 21,9.15-17: Liebst du mich?

Ein junger Mensch möchte sich für etwas begeistern können. Einem jungen Christen bläst aber heutzutage aus den Medien und von Mitschülerinnen/ Mitschülern der kalte Wind ins Gesicht, auch im neuen Schuljahr. Darum dieser **Pullover**: Zieh dich warm an in dieser Schlechtwetterperiode für die Kirche! Trotz Anfeindungen an Jesus festhalten und die Liebe versuchen! Dann stehen wir die Kaltfront durch. *(Schuhe zeigen:)* Trage **Profil** (= Glaubenswissen, Bibelstudium, Gewissensbildung), dann rutschst du auf vereisten Wegen nicht aus! Und bei Sturzbächen des Hasses öffne gelassen den **Regenschirm** und warte in Geduld, bis die Häme abtropft. Irgendwann – auch in der Kirche – müssen die Wolken wieder die Sonne durchlassen.

(Frei nach Bischof Reinhold Stecher)

118. Tote Kirche?

(einen gebastelten Sarg mit einem großen Spiegel darin mitbringen)

Lesungen: 1 Petr 2,4-10: Wir als lebendige Steine;
Joh 21,9.15-17: Liebst du mich?

(Gl zeigt den nachgebildeten Sarg:) Viele haben die Kirche schon beerdigt und suchen in all den tausend Angeboten der Freizeitindustrie, was die Seele zufrieden machen könnte. Andere füllen die leere Stelle, die wir „Sehnsucht nach mehr" nennen, mit Satanskulten oder ... aus. Wer keine Alternative zur Kirche gefunden hat, dem sie aber tot erscheint, den bitte ich, nach vorne zu kommen, den Sarg aufzuklappen und hineinzuschauen! (= Jeder sieht im Spiegel sich selbst! Vgl. „Kurzg. 1" Nr. 65)

Wer also eine lebendige Kirche will, der fange bei sich an: Wir alle sind seit der Taufe Kirche. Da, wo wir in diesem neuen Schuljahr stehen, können wir andere ahnen lassen, daß wir was von Jesus, der Mitte dieser Kirche, halten!

119. Alle sollen eins sein (Ökumene)

(ein Kreuz aus leichtem Karton mitbringen)

Evangelien: Mt 18,19f.: Wo zwei oder drei;
Joh 17,20-24: Alle sollen eins sein.

Jeder von uns ist nur schwer mit einigen Sätzen zu beurteilen. Du findest den Uwe prima, deine Nachbarin stuft ihn als albern ein. Maria ist deine beste Freundin. Die Parallelklasse nennt sie eingebildet. Jeder erlebt jeden anders.

So ähnlich ist das auch mit unserem Bild von Jesus Christus. *(Gl zeigt das Kreuz und reißt es nach und nach in Stücke:)* Die Evangelischen betonen besonders seine Worte, die Katholischen seine Taten, die Orthodoxen schauen mehr auf sein Reich, das kommen wird. Jeder sagt etwas Richtiges von ihm aus, aber wir leben zertrennt – wie dieses jetzt zerrissene Kreuz. Ökumene heißt: mehr aufeinander hören, damit der **ganze** Jesus erkannt wird. *(Gl fügt das Kreuz wieder notdürftig zusammen:)* Mehr miteinander beten und feiern, damit eine weithin ungläubige Welt wieder auf Jesus aufmerksam wird, das wäre doch ein guter Vorsatz im neuen Schuljahr.

Verschiedenes

120. Vom Klangspiel der Kräfte

(mitbringen: ein Klangspiel, ähnlich konstruiert wie ein Windspiel, aber mit kräftigeren Klangkörpern – wie ein Gong; im Handel erhältlich)

Lesungen: Spr. 8,22-31: Die Weisheit, als die Vertraute Gottes von Anfang an dabei;
Mt 11,28-30: Kommt alle zu mir ...

(Gl schlägt an das Klangspiel und läßt es jeweils verhallen.)

Ein Schuljahr mit zu gestaltenden Kräften liegt vor uns. Aber Aktivität allein genügt nicht, wenn es fruchtbar werden soll.

Aus dem mythologischen Bericht von der Stadt Theben geht hervor, ein Brüderpaar habe sie errichtet: Zethos, stark und voller Tatendrang, habe nur dann die Felsbrocken verschieben und Mauern errichten können, wenn der Bruder Amphion, sensibel und schwach, aber voller Poesie und Lust zur Leier gegriffen habe. Sobald das Spiel aufhörte, erlahmte die Tatkraft des Starken. – Nur im Zusammenspiel gelingt das Ganze *(Klangspiel anschlagen).*

(Für Jüngere: Während Frederick [Geschichte von Leo Lionni; im Kindergarten nachfragen] für die kalten Wintertage Sonnenstrahlen sammelt, füllen seine Gefährten das Nest mit Körnern ...)

Dichter, Maler und andere Künstler erzählen, wie sehr ihr Schaffen von der erotischen Faszination beflügelt wird, die von einem geliebten Wesen ausgeht: Zerbricht die Beziehung, erlahmt oft die künstlerische Kraft.
(Klangspiel)

Auch Gott selbst kann unmöglich als der absolut Einsame gedacht werden: In ihm flutet die Liebe hin und her, ein überfließender Brunnen der Güte, aus dem auch diese Erde entstand. Jene machen es sich zu einfach, die einen dreifaltigen Gott zum alten Zopf erklären. Da ist vielmehr Bewegung – Gott ist Geber, gegeben und Geschenk selbst; Gott ist Liebender/Liebende, Geliebter/Geliebte und die Liebe selbst.
(Klangspiel)

Beginnen wir also das Schuljahr nicht nur mit Blick auf eine Wissensvermittlung, denn hier können sich vielmehr aktive und passive Kräfte begegnen, Tatendrang und Poesie; hier können Geben und Empfangen eingeübt werden.
(Klangspiel)

(Vgl. Anton Rotzetter in „Christ in der Gegenwart" 24/95, „Die Vertraute Gottes")

121. Du bist einmalig wertvoll

(die Hände betrachten)

Evangelium: Mt 25,14-30: Mit den Talenten (= Fähigkeiten) arbeiten.

Schau in deine offene Hand. Fachleute können Wichtiges daraus für dein Leben lesen. Betrachte den Fingerabdruck deines Zeigefingers. – Er ist unter zehn Milliarden Händen auf der Welt einmalig und deshalb wertvoll. Vergleiche ihn und die Linien deiner Hand mit denen deines Nachbarn ...

Du bist also als Original geboren und trägst eine Schatzkiste in dir, die nur du besitzt. Andere mögen etwas besser machen, aber keiner ist wie du. Öffne bitte deine Schatzkiste, und bringe die Schätze in unser Miteinander ein!

Versuche nicht, zur Kopie (= ein Abklatsch in Mode, Musik) zu werden. Sei du selbst – mit deinen Stärken und Schwächen. So liebt dich Gott: Wie du bist – nicht deine Luxusausführung.

Ballen wir eine Faust, schließen wir die Schatzkiste. Nur wenn wir die Hand öffnen, können wir austeilen.

(Frei nach „Bunte Pausen", Quell-Grünewald 1995, S. 51-57)

122. Die Zeit nutzen

(Zeitgutscheine und Stifte für jeden mitbringen)

Evangelien: Mt 22,35-40: Hauptgebot der Liebe;
Mt 25,14-30; Mit den Talenten = Fähigkeiten arbeiten.

Aus „Kurzg. 2" Nr. 147 erzählen: Ein Unbekannter drückt einem Menschen ein Bündel Zeitgutscheine (= die Lebenszeit) in die Hand. Tagelang damit beschäftigt, die bestmögliche Zeiteinteilung zu finden, entdeckt er schließlich den Hinweis auf der Rückseite: Verwandle die Zeit in Ewigkeit! –

Ich kann viel Zeit im Unterricht und in der Freizeit verschlafen oder vertrödeln. Ich verwandle sie in Ewigkeit, wenn ich meine innere Schatzkiste öffne und meine Fähigkeiten einbringe: Wenn ich Hilfe anbiete, Verantwortung übernehme, Zuwendung und Vertrauen schenke ... Wer möchte, kann den ausgeteilten Zeitgutschein jetzt ausfüllen und darauf schreiben: Ich (= Absender) schenke dir eine Stunde Zeit zum Zuhören, miteinander Sprechen ...

(Dann wird der Zeitgutschein gerollt, mit einem Faden geschnürt und eingesammelt. Alle, die mitgemacht haben, dürfen sich am Ende des Gottesdienstes einen Zeitgutschein ziehen: Eine Stunde sind sie dann eingeladen, und eine Stunde verschenken sie selbst.)

123. Gott und die Welt ineinanderbringen

(für jeden das abgebildete Mandala vergrößert zum Ausmalen mitbringen)

Lesungen: 1 Joh 4,7-12.20-21: Gottesdienst und Dienst am Menschen
schließen einander nicht aus;
Mt 22,35-40: Hauptgebot der Liebe als Weg zur Harmonie.

Mandalas als uralte Meditationszeichen aus allen Kulturen sind erstens Sinnbilder
für die Welt und unsere Seele (jeder malt es anders aus, kann von außen her beginnen oder es von der Mitte her verstehen) und zweitens Sinnbilder für Gott
(= Harmonie des ausgemalten Mandalas ist unbeschreiblich – wie Gott selbst).
Im Mandala gehen Vierecke (= unsere Welt mit Hetze und Arbeit) und Kreise
(= Gott) ineinander (= Gott ist uns überall gleich nahe). Darum bete und arbeite,
arbeite und bete. Wer glaubt, Gott zu lieben, darf den Nächsten nicht übersehen
und umgekehrt. Wie auch Gandhi lehrte: „Fragt dich ein Hungriger 'Wo ist Gott?',
dann gib ihm Brot und sage 'Hier ist Gott' ". Oder die Frage bei einer Begegnung
mit einem Behinderten: „Was ist der kürzeste Weg, um Gott zu begegnen?"
„Schiebe den Rollstuhl!" hat mir einer ohne Beine gesagt. –

Zum Schluß schauen wir auf die Sonne in der Mitte des Mandalas und halten unsere Seele ein paar Augenblicke hinein.

124. Im Gleichnis des Fahrrads

(ein Fahrrad vorne aufstellen)

Mit einem Fahrrad erreichen wir selbst bei verstopften Straßen schnell die Schule.
Schauen wir uns das Fahrrad genau an, denn es verrät uns einiges, was uns auch
die Ziele im Leben schneller finden lassen kann:

–   Die Räder müssen ausgerichtet sein, sonst schleifen sie, und werden sie nicht
    in der Mitte gehalten, eiern sie. „Eiert" mein Leben, weil ich die Mitte noch
    nicht gefunden habe?

–   Es gelingt mir besser, Balance zu halten, wenn ich fahre; wer anhält, fällt ir-
    gendwann um. Mein Bemühen als Christ bringt mich vorwärts und hält mich
    auch selber.

–   Ohne Pedale kommt das Rad nicht in Schwung. Während die eine abwärts be-
    wegt wird und antreibt, erholt sich die andere. Stehen Bemühen und Ausruhen
    bei mir in einer guten Mischung?

–   Die Kette, die aus vielen Einzelteilen zusammengesetzt ist, überträgt meine
    Kraft. In einer guten Gemeinschaft komme ich schneller vorwärts.

–   Der Dynamo setzt meine Kraft in Licht um, aber das Fahren wird mühsamer:
    Die Tat, die unser Christsein sichtbar macht, fordert mich.

–   Ohne Lenkstange kann ich keine Richtung einschlagen. Welchen Stellenwert,
    die richtige Richtung im Leben zu finden, nimmt dabei mein Glaube ein?

Evangelium: Joh 14,1-6: Die Richtung ist klar: Jesus ist der Weg.

(Jetzt können noch andere Teile des Fahrrads mit den Schülerinnen und Schülern gedeutet werden: Sattel, Schläuche, Bremsen, Gepäckständer, Rücklicht, Gangschaltung, Klingel, Reflektoren ...)

(Nach Robert Schneiter und Felicitas Hestermann)

125. Den Weg zum Ziel sicher finden

(einen Begrenzungspfahl mitbringen)

Lesungen: 1 Joh 4.7.20-21: Gottes- und Nächstenliebe;
Mt 22,35-40: Hauptgebot.

Begrenzungspfähle helfen dem Autofahrer, sich in der Dunkelheit oder im Nebel zu orientieren und somit schneller und sicherer zum Ziel zu gelangen. Ich werde nicht gezwungen, mich nach ihnen zu richten, aber wenn ich das Angebot annehme, ist es mir eine große Hilfe.

Ähnlich ist es mit den Zehn Geboten: Hast du verstanden, daß ich dein Herr und Gott bin, dann wirst du frei und glücklich, wenn du keine anderen Götter neben mir hast, die Eltern ehrst, nicht stiehlst ... Jesus hat die vielen Gebote (= Angebote) im Hauptgebot zusammengefaßt: Du brauchst dich nicht von Begrenzungspfahl zu Begrenzungspfahl (= Gebote) zu tasten, sondern halte die gestrichelte Linie in der Mitte der Fahrbahn (= Hauptgebot) ein, dann kommst du sicher und schnell zum Ziel (= zur Stadt = himmlisches Jerusalem).

126. Herausforderung Schule

(einen Windvogel nach alter Bauart zeigen)

Lesungen: 1 Joh 4.7-12.20-21: Gottes- und Nächstenliebe;
Mt 22,35-40: Hauptgebot.

Jetzt bläst uns wieder der Wind des neuen Schuljahres ins Gesicht. Aber nur im Gegenwind kann dieser Windvogel hier starten. Der Wind zerfetzt ihn nicht, wenn er durch einen Längsstab (= Gottesliebe) und den Querstab (= Nächstenliebe) stabilisiert wird. Er braucht sogar Ballast (= Mühsal, Erfahrungen der Ungerechtigkeit in der Schule ...) am Schwanz, damit er keine Purzelbäume schlägt. Unsere Fürbitten schicken wir jetzt wie Zettelchen an der Leine des Windvogels „nach oben".

127. Hoffnungen fürs neue Schuljahr

(ein, zwei Kinder blasen vorne ruhig Seifenblasen)

Jede schöne Seifenblase wie eine Hoffnung: Ich werde es im neuen Schuljahr schon schaffen und – zerplatzt? Mich kann man gebrauchen und – zerplatzt? Ich lasse mich nicht unterkriegen und – zerplatzt? In der neuen Klasse kann ich neue Freundschaften finden und – zerplatzt?

Wie schön, wenn es dann welche gibt, die nicht sofort nach meinen Hoffnungsblasen springen, um sie zerplatzen zu lassen *(ab hier blasen die Kinder nicht mehr)*, sondern die helfen – die Freundschaft eingehen – die mich nicht allein lassen – die mich in kranken Tagen nicht vergessen – die für weniger Gewalt sorgen – die mir Lehrer/innen sowie Schüler/Schülerinnen sympathischer werden lassen.

(Nach Bernward Raudisch)

Evangelium: Joh 15,9-17: Bleibt mit mir verbunden.

128. Gelbe und rote Karten (Gewissensbildung)

(einige gelbe und rote Karten und Stifte mitbringen)

Lesungen: 1 Kor 9,24-26: Lauft so, daß ihr den Siegespreis gewinnt;
Joh 15,4-8: Bleibt mit mir verbunden.

Das neue Schuljahr ähnelt einem Fußballturnier in der Schule, denn in jeder Klasse bemüht sich eine Gemeinschaft, die Siegestrophäe des Klassenziels zu erreichen. Gemeinsam fällt das leichter. Manchmal müßten aber gelbe und rote Karten gezeigt werden, weil im Miteinander Fouls vorkommen. Bildet jetzt kleine Gruppen und schreibt einmal, was ihr im Miteinander auf dem Schulhof, aber auch in der Klasse unfair (= gelbe Karten) findet und welche schweren Fouls (= rote Karten) eigentlich mit Platzverweis (= Schulverbot) geahndet werden müßten. –

(Einige lesen später das Ergebnis vor. Gl kann leicht kommentieren, sollte aber eine eventuelle Diskussion in die Religionsstunde verlegen.)

129. Der Kompaß des Gewissens

(einen Kompaß mitbringen)

Lesungen: Röm 2,14-16: Das Gesetz Gottes ist ins Herz geschrieben;
Mt 7,13.14: Eng ist das Tor zum Leben;
Joh 14,1-6: Ich bin der Weg.

Ein Kompaß zeigt immer den Norden an, darum ist auf ihn Verlaß, wenn ich zum Beispiel in Dunkelheit und Nebel nicht die Orientierung verlieren will. Unser Gewissen ist auch wie ein Kompaß; es kann uns im neuen Schuljahr den richtigen Weg weisen.

(Hier Kurzgeschichten aus der Welt der Schule möglich:
Aus „Kurzg. 4" Nr. 131: Freunde, die herausgefunden haben, daß ein Cola-Automat nach einem kräftigen Tritt eine Colaflasche freigibt, regen sich maßlos auf, als ihnen eine Flasche geklaut wird.
Aus „Kurzg. 5" Nr. 152: Ein Indianermädchen wehrt sich gegen das Leistungsprinzip, eine andere Mitschülerin spüren zu lassen, daß sie besser ist.)

Die Nadel kann aber durch einen starken Magnet in der Nähe (= Klassenstar, Clique, Tischerücken, Teufelskult ...) abgelenkt werden. So lassen sich auch manche von Jesus als **dem** Weg abbringen. Gottesdienst und Religionsunterricht sind dafür da, unser Gewissen zu „justieren".

130. Die Klasse – wie ein Kartenspiel

(ein Kartenspiel mitbringen)

(Gl zeigt verschiedene Karten:) Jede dieser 32 verschiedenen Karten ist wichtig. Genauso ist es mit den Schülern und Schülerinnen einer Klasse; wären sie alle gleich, würde es langweilig.

Dieses „As" kann sagen: „Ich bin ein As im Rechnen und am Computer"; dieser „König": „Ich bin der 'king' in meiner Klasse." Diese „Dame": „Ich spiele gern eine feine Dame und habe auch genug Verehrer." Oder dieser „Bube": „Manchmal bin ich ein Spitzbube, wenn ich mich drücke oder meine Streiche sich an der Grenze bewegen!"

Wichtig ist, daß sich keine Karte als unerträglich herausstellt oder auftrumpft und auch die kleinen Nummern geachtet werden, denn ohne sie scheitert das Spiel ...

So wünsche ich allen im Spiel des neuen Schuljahres Gemeinschaft, Spannung und Freude. Die Lesungen zeigen uns, wie das richtige Miteinander gelingen kann und Gott seine Hand unsichtbar im Spiel haben kann:

Lesungen: 1 Kor 12,14-22.24b-27: Viele Glieder – ein Leib;
Joh 17,20-22: Sie sollen eins sein untereinander.

B) Mit Bildern / Grafiken / Postkarten / Aufklebern

131. Die Welt bewahren

(an jeden das folgende Bild von Oskar Schlemmer entsprechend vergrößert austeilen oder auf einem Overhead-Projektor zeigen)

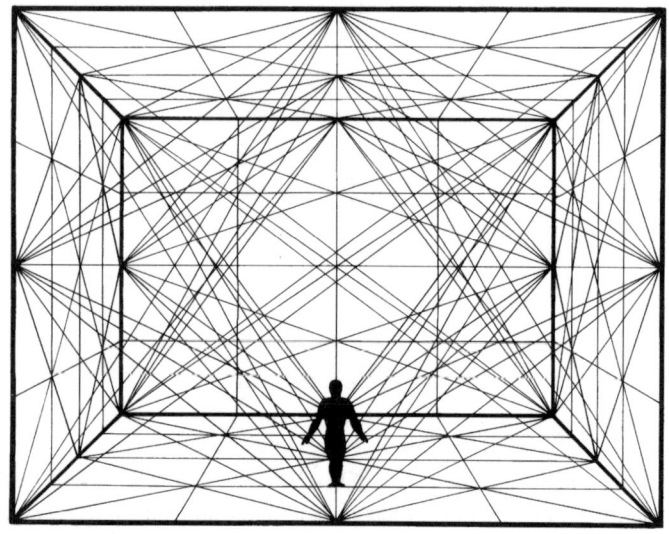

Lesungen: Kol 3,12-15: Vergebt einander;
Joh 15,9-14: Liebt einander.

Wir sehen verwirrende Fäden, die aber Gesetzmäßigkeiten aufweisen. Alles in diesem Kosmos läuft auf den Menschen hin und von ihm fort. Er ist der Beherrscher, ringt um den Überblick, kann aber auch die Fäden zerstören und damit die Ordnung.

Die Schulzeit möchte uns fähig machen, mit dem besonderen Platz und Auftrag fertig zu werden, um diese Welt, die uns von Gott geschenkt ist, zu bewahren. In der Liebe zueinander und im gegenseitigen Verzeihen (vgl. Lesungen) ist das am ehesten möglich. Die Klasse ist der „kleine Kosmos" zum Einüben des Hauptgebotes.

132. Die Schöpfung achten
(jeder erhält den Fingerabdruck vergrößert auf dem Gottesdienstblatt)

Lesungen: Gen 1,26-28: Der Mensch als Gottes Abbild;
Mt 25,31-40: Was ihr einem Menschen tut, habt ihr mir getan.

Wir sehen den Fingerabdruck eines Menschen, in den ein Künstler das Gesicht des Schöpfers gemalt hat. Jeder Mensch ist einmalig, ein Abbild Gottes. Wenn ich einem Mitschüler ins Gesicht schlage, treffe ich zugleich auch das Gesicht des Schöpfers. In diesem Gedanken treffen sich eigentlich alle Weltreligionen. Ich kann sogar meinen Feind lieben, wenn ich so weiterdenke; aber natürlich auch die ganze Schöpfung bis hin zu Tieren und Pflanzen. Das neue Schuljahr kann in mir so schwierige Wörter wie Ehrfurcht, Demut, Gewaltlosigkeit, Fingerspitzengefühl ... wachsen lassen, damit allen Zukunft gegeben ist.

133. Willkommen

(Dias mit Kindergesichtern zeigen, die froh, ängstlich, traurig ... ausschauen)

Zehn Kinder formieren ihre Buchstaben zum Wort „Willkommen!" Dann werden zu den Dias entsprechende Texte gesprochen:

– Frohes Gesicht: Noch Ferienfreude in dir? Auch im neuen Schuljahr erwartet dich Schönes!

– Trauriges Gesicht: Oder bist du traurig, weil jetzt einige Mitschüler/innen in eine andere Klasse gehen? Oder ...

– Ängstliches Gesicht: Erfüllt dich Angst, ob du den neuen Stoff schaffst, ob die Lehrer/innen dich verstehen oder ob sie gut erklären können?

– Erwartungsvolles Gesicht: Oder bist du gespannt auf neue Begegnungen, die dich weiterbringen; auch und gerade, wenn du über eine Hürde stolperst.

(Idee von Heidi Fruhwirth, A-8342 Gras)

Evangelium: Mt 11,28-30: Kommt alle zu mir, die ihr euch plagt ...

134. Geben und Nehmen in partnerschaftlicher Begegnung

(Die abgebildete Holzplastik aus Ruanda auf das Gottesdienstblatt kopieren)

Lesungen: Gal 6,1-5: Einer trage des anderen Last;
Lk 22,24-27: Vom Herrschen und Dienen;
Mt 10,5a.7-8: Umsonst habt ihr empfangen, umsonst sollt ihr geben.

(Am besten tragen die Schüler/innen zusammen, was sie auf dem Bild erkennen.)

Zwei Menschen begegnen sich. Dabei ist es bedeutungslos, ob Mann oder Frau, jung oder alt, arm oder reich. Die angebotene gefüllte Schale ist für sie nicht entscheidend, denn die beiden berühren einander mit den Blicken, als wenn der Gebende sich selbst gibt. Die rechte Person gibt sich nicht herablassend: Sie ist gespannt und fast froh, wenn der/die andere nimmt. Die empfangende Person greift nicht gierig zu, sondern lehnt sich zurück, als wolle sie ihre Freiheit nicht vorschnell aufs Spiel setzen. – Kann es nicht auch sein, daß die linke Person etwas in die leere Schale legt? Wer gibt hier – und wer empfängt? Wäre so die Begegnung nicht wünschenswert zwischen Schülern/Schülerinnen, zwischen Lehrern/Lehrerinnen und Schülern/Schülerinnen – nämlich geben **und** empfangen? Wer nur nehmen will, ist ein Dieb, ein Schmarotzer! Wer nur geben, belehren oder bekehren will, soll sich vorsehen, daß sein Topf nicht schneller leer ist, als er denkt, weil er nur auf sich selbst baut und die Gabe der anderen übersieht.

Geben und Empfangen, Empfangen und Geben – das wäre erfüllte Partnerschaft ein Schuljahr lang.

135. Geduldig wachsen lassen

(einen Strauch aufstellen, in den später vorbereitete Papiervögel gehängt werden)

Evangelium: Mk 4,30-32: Vom Senfkorn.

Das neue Schuljahr ist mit einem Senfkorn zu vergleichen, das in die Erde gelegt wird und gute Eigenschaften enthält. Wenn es guten Boden vorfindet (Mk 4,1-9.13-20), kann es zum Baum werden, in dem die Vögel Platz nehmen. Für das gute Wachstum in mir bin ich mitverantwortlich; ich brauche auch Geduld mit mir und Ausdauer beim „Begießen".

Wir schreiben auf Papiervögel Fürbitten und bringen sie zum Strauch nach vorne: Gott soll uns dabei helfen, daß sein Reich des Friedens auch in der Klasse spürbar wird.

(Nach Ludwig Wöß, A-4111 Walding)

136. Die Zukunft wagen

(folgende Abbildung erhält jeder auf seinem Gottesdienstblatt)

Lesungen: Gen 1,1-5: Gottes Geist schwebte über den Wassern;
Mt 28,16-20: Ich bin bei euch alle Tage;
Joh 20,19-22: Er hauchte sie an.

Deutung: Jeder von uns ist der Surfer. Das Meer ist das Leben, auch die Schule. Sich hinauswagen heißt: Herausforderung, Gefahr, Bedrohung, Grenzen erfahren, Üben, das Wagnis nicht scheuen, sich nach einem Sturz wieder aufrappeln, Ausdauer zeigen, zu neuen Ufern aufbrechen.

Bei Windstärken sechs bis sieben und entsprechend hohem Wellengang kann ich das Surfbrett geschickt durch die Wogen steuern, wenn ich das Segel entfaltet habe und in den Wind (= Heiliger Geist) halte. Gerade der „Gegenwind" bringt mich vorwärts.

137. Das „Ich" und „Du" entdecken

(folgende Grafik auf dem Gottesdienstblatt abbilden. – Das Poster „Du" auf vielen „Ich" anbringen; zu bestellen unter Nr. 183 bei Action 365, Kennedyallee 111a, D-60596 Frankfurt/M., Tel. 069/63 20 65, Fax 069/63 14 10; auch als Doppelkarte unter der Bestellnummer 50 zu haben)

92

Evangelium: Mt 22,34-40: Hauptgebot.

Zuerst darf ich auf der Suche nach dem Ich sein. Im Hauptgebot heißt es „... lieben wie dich selbst". Erst muß ich mich selbst akzeptieren: meinen Körper, meinen Geist, meine positiven und negativen Eigenschaften. Wenn ich meine eigene „Schatzkiste" entdeckt und gehoben habe, wenn ich mich als von Gott geliebtes Geschöpf erkenne, dann darf ich auf die Suche nach dem Du gehen. Denn ich komme erst als Gemeinschaftswesen zur Erfüllung, weil es auch durch zwei Menschen entstanden ist. Wer sich annimmt und liebt, spürt Freiraum für die Liebe zum Du: im Mitmensch und im Schöpfergott, der sich in Jesus als Weggefährte offenbarte.

138. Durch Herausforderungen zur Kostbarkeit

(eine Grafik zur Perle finden Sie in „Schulabschlußgottesdienste", Nr. 150; gegebenenfalls auf dem Gottesdienstblatt abbilden; ein Dia dazu können Sie beim Autor bestellen: Glescher Str. 54, D-50126 Bergheim)

Manch einer mag die Schule hin und wieder wie eine tödliche Herausforderung empfinden. Aber so wie aus Minus mal Minus Plus wird, möchte ich unseren Blick auf einen Naturvorgang richten: Ein spitzes Sandkorn kann für eine Muschel, die das Meerwasser durch die Muschellippen zieht, um von den Nährstoffen darin zu leben, zur tödlichen Herausforderung werden, die ihre Weichteile zerstört. Aus Notwehr bildet die Muschel um den Eindringling eine Perlmutterschicht. Und nach ungefähr zehn Jahren ist daraus eine kostbare Perle entstanden.

Rund zehn Jahre – das erinnert an die Schulzeit! Alle Herausforderungen, alle Enttäuschungen und Prüfungen können mich weiterbringen. Eine Einübung in das, was später kommt. *(Beispiele nennen)*

Wer auf Jesus stößt und diese kostbarste Perle sucht, braucht selbst vor der Herausforderung des Leides und Todes keine unüberwindbare Angst zu haben.

Evangelium: 13,45-46: Der Kaufmann findet die kostbare Perle.

Vgl. „150 Schulabschlußgottesdienste", Nr. 150

Gemeinschaft / Frieden

139. Gemeinschaft trägt

(für jeden eine Karte, die eine Seerose zeigt, zum Beispiel Nr. 2301172 bei Fotokunst Groh, D-82237 Wörthsee, Tel. 0 81 53 / 8 33-33, Fax 0 81 53 / 8 83-48; oder Nr. 8138 beim Kawohl-Verlag, D-46485 Wesel, Tel. 02 81 / 9 62 99-0, Fax 9 62 99-44)

Evangelium: Mt 14,22-33: Petrus geht übers Wasser.

Spielszene: Über drei Eimer Wasser spannen Schüler/innen die Hände, so daß eine (leichte) Schülerin darüber gehen kann und nicht im Wasser versinkt = Gemeinschaft trägt und läßt nicht versinken.

Deutung: Die Seerose ist ein Symbol für den Menschen, der aus dem Wasser kommt und die Sonne „von oben" (= Freude, Gebet, Gottesdienst) braucht, um „richtig" leben zu können. „Vom Wasser getragen" heißt dann: Wir brauchen Menschen, die uns tragen, denen wir vertrauen können. Dazu kann eine Klassengemeinschaft, dazu können Lehrer/innen beitragen, aber auch eine betende Gemeinschaft, die den verlängerten Arm Jesu darstellt, der uns immer über Wasser halten will.

94

140. Untereinander verbunden

(für jeden ein Gottesdienstblatt mit folgender vergrößerter Grafik vorbereiten)

Lesungen: 1 Kor 12, 26f.: Wenn ein Glied leidet, leiden alle mit;
Joh 15,4-5: Bleibt mit mir verbunden.

Gieße ich Flüssigkeit, zum Beispiel Wasser, in eine der kommunizierenden Röhren, kommunizieren alle anderen Röhren mit, das heißt in allen steigt das Wasser gleich hoch. Auch im Leben sind wir miteinander verbunden: Es ist keine Privatangelegenheit, ob eine/r in der Klasse stiehlt oder stört, die anderen sind mitbetroffen, denn durch den Diebstahl sinkt das Vertrauen untereinander und durch die Störungen die Aufmerksamkeit der Klasse *(weitere Beispiele nennen!)*.

Auch die Gemeinschaft der Christen (= bei der Taufe ins Wasser (!) getaucht) ist wie eine kommunizierende Röhre: Wir können über das Gebet und gemeinsame Aktionen die Atmosphäre um uns herum verändern. Darum ist dieser Gottesdienst ein Anfang, auch von innen her Einfluß auf das neue Schuljahr zu nehmen.

141. Macht Frieden möglich!

(für jeden den abgebildeten Aufkleber mitbringen; zum Preis von DM –,50 erhältlich bei Pax Christi, Deutsche Sektion, Postfach 13 45, 61103 Bad Vilbel)

Lesungen: Röm 12,17-21: Rächt euch nicht selbst;
Mt 18,21-35: Der Unbarmherzige wird bestraft.

„Macht" steht auf dem Aufkleber gegen das Wort „Frieden" – wie täglich auf dem Schulhof. Die Rose, die aus dem Stacheldraht wächst – Symbol der Versöhnung im ehemaligen KZ Auschwitz-Birkenau –, zeigt, was möglich ist. Auf welche Seite schlage ich mich im neuen Schuljahr?

142. Kreuzige heute keinen Menschen!

(für jeden folgende Grafik auf dem Gottesdienstblatt kopieren)

Lesungen: Apg 2,36-42: Diesen Jesus, den ihr gekreuzigt habt, hat Gott zum Messias gemacht;
Joh 19,12-16a: Sie aber schrien: Kreuzige ihn!

Das neue Verkehrsschild, das ihr vor euch seht, würde ich gerne vergrößert auf alle Klassentüren und über die Schultafeln hängen, damit wir uns im neuen Schuljahr jeden Tag erinnern: Kreuzige heute keinen Menschen! Das gilt für die Lehrkräfte, die die Klinke zum Eintritt in die Klasse drücken, genauso wie für die Schülerinnen und Schüler untereinander; aber auch mit Blick vom Schüler, von der Schülerin zu mancher Lehrperson ist es ein Warnschild. Daß im Evangelium das ganze Volk schrie „Kreuzige ihn!" und es einen Unschuldigen traf, sollte uns vorsichtig werden lassen, selbst wenn eine Masse sich einig ist.

(Nach Wilhelm Wilhelms)

143. Vor Gott sind alle gleich

(Bilder verschiedener extremer Typen von Kindern oder Jugendlichen sind nebeneinander aufgeklebt: große, kleine, dicke, dünne, ärmliche, elegante, schwarze, braune ...)

Bereichern die vielen Extreme, bis hin zu den vielen Ausländern, nicht unsere Gemeinschaft? Alle kommen aus dem gleichen Urgrund des Schöpfergottes, der **alle** liebt; den wir in verschiedenen Religionen Vater, Jehova, Allah ... nennen, aber es ist immer derselbe gemeint. Wenn nicht alle gleich behandelt und nicht jeder als wichtig angesehen wird, entstehen Machtblöcke, Versager, Positionskämpfe. Lieber den Maßstab Gottes anlegen:

Lesungen: Röm 12,6-12: Die unterschiedlichen Gaben einbringen und aus einem Geist leben;
Joh 15,9-17: Einander wie Freunde behandeln.

(Marianne Breuer, D-50126 Bergheim/Erft)

144. Im Glauben das Schuljahr mit neuen Augen sehen

(beide Kipp- bzw. Wechselbilder auf dem Gottesdienstblatt abbilden)

Zum ersten Kippbild: Sehe ich eine Ente oder einen Hasen?
Zum zweiten Kippbild: Sehe ich eine alte Frau mit einem dicken Pelz über der Schulter oder eine junge mit Stupsnase und flotter Frisur, die ein Halsband trägt?

Evangelium: Mk 10,46-52: Heilung des Blinden.

Neu sehen lernen lehrt uns der Glaube. Die alten vertrauten Brillen der Vorurteile abnehmen kann ein schmerzhafter Prozeß sein. Wenn ich, vertrauend auf Gott, ins neue Schuljahr gehe, kann mich das in ein neues Sehen geleiten. Eine Niederlage, Undankbarkeit ... sind nicht alles. Glaube hilft, nicht schwarz zu sehen. Er sieht alles in einem anderen Licht. Glaube ändert alles, weil ich alles unter einer anderen Perspektive sehen darf – mit den Augen Gottes.

(Nach einer Idee von Horst Teufel, D-78549 Spaichingen)

145. Aufbrechen wie Abram

(für jeden das linke Bild von Roland Peter Litzenburger oder die Karte rechts von Sieger Köder, Bestell-Nr. SK 224, Schwaben-Verlag, D-73760 Ostfildern, Tel. 0711/44 06-162, Fax 0711/44 06-177)

Lesungen: Gen 12,1-6: Mit 75 Jahren bricht Abram im Vertrauen auf Gott auf;
Mk 4,35-41: Sturm auf dem See: Ihr seid nicht allein!
Mt 28,20: Ich bin bei euch.

Abram geht wie in eine Nebelwand – so liegt auch das neue Schuljahr vor uns. Alle Angst vor dem Neuen verliert Abram im Vertrauen auf den Auftrag und die Nähe Gottes. Das ist auch uns angeboten.

(Besonders zum Bild von Sieger Köder: Abram weiß: Gottes Nähe und Schutz ist alles. Er steht offen und empfangend da für die Geschenke Gottes.)

146. Auf der Suche

(eine Christophorusfigur aufstellen und/oder für jeden die Kunstkarte Nr. 1321 im Raffael-Verlag, Stockhornstr. 5, CH-3063 Ittigen, oder als Andachtsbild Nr. 147 im Missionsverlag Mariannhill, Hauptstr. 1, D-86756 Reinlingen)

Evangelien: Mt 20,25-28: Vom Herrschen und Dienen;
Mt 22,34-40: Hauptgebot der Liebe.

Auch Christophorus mußte einen langen Weg gehen, um zum Gebot der Liebe zu finden. Zuerst diente er dem Stärksten, dann einem leibhaftigen Teufel, dann den Menschen, und damit diente er Christus selbst (Lebensgeschichte erzählen: Siehe „Kurzg. 1" Nr. 6).

Auch junge Menschen in eurem Alter legen oft einen langen Weg dahin zurück: Suchen den 'king' oder möchten es gerne selbst sein, fallen auf Boshaftigkeiten und Irrwege herein, wissen nicht mehr, was beten heißt (zumindest „langweilig"), befriedigen sich mit tausend Dingen, um schließlich „mehr als alles" zu suchen und im Dienen an den Menschen und damit auch an Gott Erfüllung zu finden. Wer dienen und nicht herrschen will, schlägt jedenfalls den richtigen Weg ein. Ich wünsche euch, daß ihr dabei „eines Nachts" Christus begegnet.

147. Mit Ijob hoffen

(für jeden ein Gottesdienstblatt mit vergrößerter Abbildung eines Holzschnitts von Hanns H. Heidenheim, Kaiserswerther Straße 272, D-40474 Düsseldorf, Tel.: 0211/ 43 19 03. Als Dia „Ijob" in Ralph Sauer (Hg.), Handbuch zum Lektionar für Gottesdienste mit Kindern, Kösel, München/Patmos, Düsseldorf, Bd. 2 1985, im Anhang.)

Lesungen: Buch Ijob verkürzt erzählen;
Mt 8,23-27: Sturm auf dem See: Warum habt ihr Angst?

In der Grafik sind drei Bilder versteckt. Wir legen unsere Hände so darauf, daß wir nur die Hände an den Seiten der Leier sehen: der singende, feiernde Mensch. Hoffentlich gibt's im neuen Schuljahr genug Anlässe zum Singen und Feiern. – Wir öffnen das Guckloch, das unsere Hände lassen, und sehen den klagenden Ijob auf dem „Bildschirm". Es gibt oft genug Anlaß zur Klage im neuen Schuljahr: Krankheit, schlechte Arbeiten, enttäuschende Erfahrungen werfen mich zurück und verbauen mir vielleicht sogar den Blick „darüber hinaus". – Dann schauen wir auf das ganze Bild: Wir sind nicht allein; auch im Leid, im Liebeskummer und in Lebensstürmen sind wir in Gottes Händen. Ich muß allerdings über meine Füße hinaus schauen.

148. Ihr seid nicht allein

(den Holzschnitt „Gang nach Emmaus" von Karl Schmidt-Rottluff für jeden vergrößert kopieren. Er zeigt Christus zwischen den beiden Emmaus-Jüngern; Abbildung siehe „150 Schulabschlußgottesdienste" Seite 123)

Lesung: Aus dem Buch der Psalmen:
Der Herr begleitet mich. Warum soll ich mir allzu große Sorgen machen?
Wenn keiner meinen inneren Hunger stillt: Er erfüllt mir Geist und Herz.
Er gibt das Wasser, das den inneren Durst löscht.
Wo immer er mich hinführt, er schenkt mir sicheren Schritt.
Seine Worte sind wie Wegweiser
und lassen mich in Ungewißheit nicht verzweifeln.
Selbst wenn ich einsam und krank bin,
mich vor dem Tod fürchte, wenn ich schuldig geworden bin
und deine Hand losgelassen habe,
ich brauche dennoch nicht zu fürchten, dich zu verlieren.
Denn du bist bei mir; dein Kreuzesstab tröstet mich:
das Zeichen, daß du mich liebst und daß du mir nahe bist.

(Psalm 23 zum Teil nach Jörg Zink)

Evangelium: Lk 24,13-35 verkürzt erzählen: Die Emmausjünger erkennen lange den nicht, der in ihrer Mitte ist.

Betrachtung: Das neue Schuljahr ist ein langer Weg, der manchen krumm und verzweifelt werden läßt. Es ist wichtig, auch bei Traurigkeit und Resignation zusammenzubleiben; sich nicht hinzusetzen, sondern sich vorwärts zu wagen. Denn da geht einer mit, wenn uns auch seine Gegenwart und sein Reich noch verborgen sind. Bei allem Zweifel beten: „Bleibe bei uns. Sei unsere Gegenwart und Zukunft!"

149. Gemeinsam mit Jesus

(Bildbetrachtung mit Herbert Seidels „Der reiche Fischfang"; vergrößert übernehmen; auch zu beziehen vom Sekretariat für Gemeinschaften christlichen Lebens, Sterngasse 3, D-86150 Augsburg. Als Dia in Ralph Sauer (Hg.), Handbuch zum Lektionar für Gottesdienste mit Kindern, Kösel Verlag, München/Patmos Verlag, Düsseldorf 1981, Bd. 1, Anhang 2. – Ein Kreuz aus rohen Birkenstämmen aufstellen und ein [Tor-]Netz aufhängen)

Evangelium: Lk 5,1-11 in verteilten Rollen lesen: Der reiche Fischfang.

Alle schreiben auf Zettel ihre Ängste und Wünsche fürs neue Schuljahr und stecken sie an ein bereits aufgehängtes (Tor-)Netz. Beim Tagesgebet das so gefüllte Netz an ein Kreuz aus rohen Birkenstämmen heften.

Alles Licht kommt von der großen Gestalt, die die drei Männer, ja sogar das ganze Boot umspannt = Jesus, der von den Personen, die sich abmühen, nicht gesehen wird. Die Linien laufen zum Kopf der großen Gestalt und zu den großen Händen, die das Netz halten: Hier begegnen sich Last und Kraft. ER ist der Eigentliche, der uns beim Menschenfischen hilft oder uns beisteht, die „Fische" im neuen Schuljahr einzuholen. Wenn wir um Ihn wissen, brauchen wir uns nicht überfordert fühlen, sondern gehen mit einer gewissen Gelassenheit an die Arbeit. Gemeinsam fällt alles leichter, einer allein steht eher in der Gefahr aufzugeben.

Unter dem Netz werden die Fürbitten gesprochen und dann ins Netz gehängt. Dabei wird auch an die Fische „außerhalb des Netzes" (Netz hier als Zeichen der Geborgenheit) gedacht.

150. Der große Weg

(jeder erhält die Bildkarte Nr. 503 „Der große Weg" von Hundertwasser, Verlag F. Bruckmann, Nymphenburger Straße 86, 80630 München, Tel. 0 89 / 12 57 00, oder das entsprechende Poster [74 x 73 cm; um DM 80,- aufhängen. Richtig gehalten, liegt das große, dunkle Ei unten links)

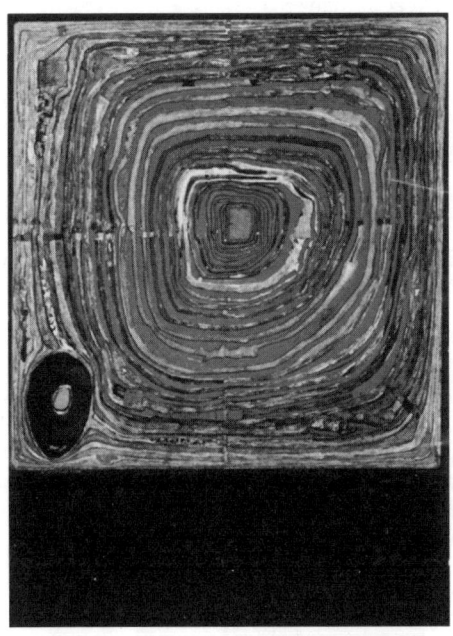

Evangelium: Joh 14,1-6: Ich bin der Weg.

Das neue Schuljahr erscheint wie der große Weg, den Hundertwasser für unser ganzes Leben aufgemalt hat: ein Irrgarten oder die Jahresringe eines Baumes? Nein, wie eine Spirale, die als blaues Band rechts oben mit einem kleinen roten Quadrat beginnt (auf der Karte schlecht zu sehen) und die Farbe in grün, violett, rot, schwarz, gold, gelb und orange wechselt (= die Schönheiten und Überraschungen des Lebens). Immer wieder tauchen auf unserem Weg gegen den Uhrzeigersinn Hindernisse, Biegungen, Verengungen, Ausbuchtungen, Sackgassen, Querschläger auf, aber immer wieder geht es auch weiter, bis die Spirale in der Mitte in ein kleines blaues Viereck mündet. Die Spirale eines jeden Menschen verläuft anders, aber wer nicht an Hindernissen haltmacht, findet die „Mitte". Auch Jesus ging seinen Weg, der den Kreuzweg nicht aussparte. Mit ihm an der Seite fällt alles leichter.

3. KAPITEL
FÜRBITTEN

I. Zur Einschulung und zum Schulbeginn Grundschule

Vorbemerkung: Um die Aufmerksamkeit wachsen zu lassen, kann bei jeder Fürbitte eine Blume in eine Vase auf dem Altar gesteckt oder eine Kerze an einem mehrarmigen Leuchter entzündet werden.

Gl: Mächtiger Gott. Dein Sohn hat gesagt, daß alle Menschen deine Kinder sind: Du liebst sie und möchtest ihnen Gutes schenken. Darum bitten wir dich:

oder:

Guter Gott. Da unsere Kraft und Hilfe selten ausreichen, rufen wir zu dir:

(bitte auswählen!)

Größeres Kind: Laß uns Größere die Schulneulinge gerne aufnehmen.
Behüte die Kinder auf dem Schulweg, und laß uns dabei helfen.
Bewahre die Kinder vor Unfällen beim Spiel auf dem Schulhof und in der Klasse!

Ein Elternteil: Gib uns Eltern die Kraft, unseren Kindern immer wieder neuen Mut zu machen und sie auch zu lieben, wenn einmal die Leistung nicht stimmt.
Laß alle Eltern den Kindern Geborgenheit und Liebe schenken.
Bewahre sie vor allen Gefahren, an die wir kaum zu denken wagen.

Ein/e Lehrer/in: Laß uns in diesen Kindern, die uns anvertraut sind, die Freude am Lernen erhalten!
Hilf uns, diese Kinder in Geduld zu begleiten, auch wenn das einmal schwerfällt.
Schenke uns besonders die richtige Hand für die, die es schwer haben im Leben.

1.   Für alle, die sich manchmal allein und verlassen fühlen: Schicke ihnen Menschen, die sie verstehen und begleiten.

2.   Für alle, die Dinge erleben, denen sie noch nicht gewachsen sind: Beschütze sie an Leib und Seele!

3. Für alle, die mit Angst und Schlägen leben müssen: Schenke ihnen einen Menschen, dem sie vertrauen können.

4. Schenke uns Lehrerinnen, Lehrern und Priestern die richtige Hand, die Herzen dieser Kinder auch für deine Gegenwart zu öffnen.

5. Laß die Schule nicht nur Wissen vermitteln, sondern auch Wege zu einem erfüllten Leben aufzeigen.

6. Schenke den Kindern gute Lehrerinnen und Lehrer, damit sie gerne zur Schule kommen.
Hilf auch allen Kindern in der weiten Welt, die es nicht so gut haben wie wir.
Laß Eltern, Erzieher und Erzieherinnen die Gaben des Kindes richtig einschätzen, um sie nicht zu überfordern.

7. Laß die Kinder an der Schule gute Freunde finden, damit sie nicht in der Masse untergehen.

Gl zum Abschluß: Denn in einem guten Miteinander loben und preisen wir dich, unseren Schöpfer und Begleiter, durch Christus, unseren Herrn.

II. Zum Schulbeginn der weiterführenden Schulen

Vorbemerkung: Um die Aufmerksamkeit zu steigern, wird bei den Fürbitten vor dem Altar ein Herz oder ein Anker oder das Schulemblem zusammengepuzzelt.

(bitte auswählen!)

1. Für die Mächtigen in Stadt und Land: Laß sie den Frieden unter den Menschen und Völkern erhalten.

2. Für die Kirche und kirchlichen Gemeinschaften: Laß sie die Botschaft von Gott, der alle Menschen liebt, auch bei Mißerfolg weitersagen.

3. Für die Lehrerinnen und Lehrer: Laß sie die Werte von Kultur und Religion vermitteln können.

4. Für alle Lehrkräfte: Laß sie nicht enttäuscht sein, wenn ihre Bemühungen manchmal auf unfruchtbaren Boden fallen.

5. Für alle Schülerinnen und Schüler, denen das Lernen leichtfällt: Laß sie nicht zu isolierten Strebern werden, die nur den Erfolg suchen.

6. Für alle, die selten Erfolg spüren: Hilf ihnen, Mutlosigkeit und Resignation zu überwinden.

7. Für uns alle: Daß wir unsere Begabungen dankbar gebrauchen, um sie in die Gesellschaft und Gemeinschaften einzubringen.

8. Für alle, die uns mit ihren Erwartungen erdrücken.

9. Für alle, die hier unterzugehen oder zu scheitern drohen.

10. Für alle, die hier Freundschaften suchen.

11. Für alle, die sich täglich abmühen.

12. Für alle, die sich an den Schulen unwohl fühlen.

13. Für alle, die sich gegeneinander stellen.

14. Für alle, die sich unversöhnlich bekämpfen.

15. Für alle, die sich nach Anerkennung und Zuneigung sehnen.

16. Für alle, die mutlos werden.

17. Für alle, die nicht gerne nach Hause gehen.

18. Breite deine Hände aus über alle Lehrerinnen und Lehrer.

19. Schütze und segne alle Eltern, Erzieherinnen und Erzieher.

20. Ermutige alle, die dich in Wort und Tat bekennen.

21. Laß uns jeden Tag als Geschenk aus deiner Hand annehmen.

22. Laß uns frei werden von der Angst vor Gewalt und Enttäuschung, vor schlechten Noten und Verurteilungen.

23. Laß uns unseren Beitrag leisten zu einem guten Miteinander zwischen den Schülerinnen und Schülern sowie Lehrerinnen und Lehrern.

24. Schenke uns Verantwortungsgefühl gerade für die Schwächeren.

25. Hilf uns, eigene Wege zu gehen, ohne Eltern und Lehrkräfte zu sehr zu enttäuschen.

26. Laß uns nicht zu programmierten Computern verkommen.

27. Laß uns hier schon beitragen zu mehr Gerechtigkeit und Frieden zwischen den Menschen.

28. Laß uns durch Hilfsbereitschaft und Verständnis zu einer guten Klassengemeinschaft beitragen.

Gl zum Abschluß: Denn dann erfüllen wir deinen Auftrag, in der Welt zur Liebe und zum Frieden beizutragen. So höre auf unsere Bitten – durch Christus, unseren Herrn.

4. KAPITEL
SEGENSGEBETE

Diese Gebete sind für den Schlußsegen gedacht. Schön wäre, wenn gerade bei der Einschulung der persönliche Segen durch Handauflegung gespendet würde, bei dem der ein oder andere Gedanke aus diesen Segensgebeten wieder anklingen darf.

Der Herr segne dich und behüte dich.
Der Herr lasse sein Angesicht über dich leuchten und sei dir gnädig.
Der Herr wende sein Angesicht dir zu und schenke dir Heil. (Num 6,24-26)

> Der Herr segne und behüte euch!
> Der Herr mache euch froh und dankbar.
> Der Herr lasse euch seine Nähe und Hilfe spüren:
> der Vater, der Sohn und der Heilige Geist.

Möge dir der Wind im Rücken stehen,
Sonnenschein deinem Gesicht Wärme und Freundlichkeit schenken,
Gott seine Hand schützend über dir und unter dir halten.
So segne dich der mächtige Gott ...

(Aus Irland)

> Deine Wege mögen dich aufwärts führen.
> Licht sei um dich her und in deinem Herzen.
> Güte strahle aus deinen Augen.
> Blumen mögen beginnen zu blühen, wo immer du gehst.
> So segne dich der mächtige Gott ...

Herr, reiche uns die Hand,
wenn der Boden unter unseren Füßen schwankt;
stell uns auf festen Grund,
wenn reißende Wasser uns umwerfen;
umgebe uns wie mit einem Geländer,
wenn die Erde sich auftut, uns zu verschlingen. – So segne uns ...

Gesegnet sollen sein die Völker und Rassen,
die Menschen aller Klassen, Wolf und Lamm, Falke und Taube.
Gesegnet sollen sein Freund und Feind, Muslime und Hindus,
Christen und Kommunisten, Ungläubige und Sektierer.
Gesegnet sollen sein Stumme und Blinde,
Unwissende und Weise, Arme und Reiche.
Damit ihr alle ein Segen seid für unsere bedrohte Welt
und die Menschen der Erde. – So segne euch ...

Der Herr umarme uns in unserer Angst.
Er stelle sich vor uns in jeglicher Not.
Er überwinde in uns, was starr und erkaltet ist.
Er lasse uns aufatmen, wenn Schuld uns drückt.
Er sehe unser Leid und tröste und heile uns.
Er begegne uns voller Liebe wie eine gütige Mutter,
wie ein guter Vater, wie ein treuer Freund.
So segne uns der mächtige Gott ...

Gott segne die Erde, auf der wir jetzt stehen.
Gott segne den Weg, auf dem wir bald gehen.
Gott segne das Ziel, für das wir leben.
Er segne, was unser Wille sucht.
Er segne, was unsere Seele braucht.
Er segne, worauf unsere Hoffnung ruht.
So segne uns der mächtige Gott ...

(Nach einem altkeltischen Segensgebet)

Gott schenke uns Menschen, die uns verstehen können.
Gott schicke uns Menschen, die zuhören können.
Gott gebe uns Menschen, die trösten können.
Gott sende uns Menschen, die aufrichten können.
Gott führe uns Menschen zu, zu denen wir gehören können.
So segne uns der mächtige Gott ...

Der Herr sei vor dir, um dir den rechten Weg zu zeigen.
Der Herr sei neben dir, um dich in die Arme zu schließen,
um dich zu schützen vor Gefahren.
Der Herr sei hinter dir,
um dich zu bewahren vor der Heimtücke des Bösen.
Der Herr sei unter dir, um dich aufzufangen, wenn du fällst.
Der Herr sei in dir, um dich zu trösten, wenn du traurig bist.
Der Herr umgebe dich wie eine schützende Mauer,
wenn andere über dich herfallen.
Der Herr sei über dir, um dich zu segnen.
So segne dich der gütige Gott – heute und morgen und immer.

(Dem hl. Patrik von Irland zugeschrieben)

Es segne uns der Mächtige und gebe Gelingen unserer Arbeit.
Er höre unsere Stimme, wenn wir uns nicht verstanden fühlen.
Er öffne uns, wenn wir in Schuld uns verschließen.
Er heile uns, wenn die Angst uns bedrängt.
Er stärke uns, wenn niemand zu uns steht.
So will es der Herr, der Ursprung und Vollender aller Dinge,
der Vater, der Sohn und der Heilige Geist.

Zum Jubiläum einer Schule (im Symbol eines Baumes)

Vorbereitungen

1. Ein großer Baum ist mit Wurzeln, Stamm und Ästen aufgemalt. Seine Größe richtet sich nach dem Ort (wenn alle Schüler/innen ein Blatt daran heften sollen, kann er nicht groß genug sein). Auf dem Stamm stehen die Namen der bisherigen Rektoren und Rektorinnen und der Name des jetzigen Rektors bzw. der jetzigen Rektorin sowie die Namen der eingeladenen ehemaligen Lehrer und Lehrerinnen. In oder neben der Baumkrone kann die Jubiläumszahl groß angebracht werden.

2. Es wäre schön, wenn vorgefertigte Blätter von allen Schülern und Schülerinnen in verschiedenen Grüntönen ausgemalt und mit ihren Namen versehen werden, möglichst für jeden ein Blatt. Vereinfachung: Die Blätter werden aus Papier in den unterschiedlichsten Grüntönen geschnitten und mit Namen versehen. Sie sind bereits an den Ästen befestigt oder werden es *vor* Beginn des Gottesdienstes durch zahlreiche Helfer/innen.

3. Weiterhin werden benötigt: Ein Spaten (siehe Sprechspiel), verschiedene überproportionale Blüten (siehe Fürbitten), verschiedene überproportionale Früchte sowie aufheftbare Schilder aus leichtem Karton mit den Aufschriften „Danke", „aufeinander angewiesen", „christliche Werte", „Vertrauen", „Liebe", „Eintracht", „Freundschaft", „Geduld", „Freude", „frischer Sauerstoff" (siehe Sprechspiel); eventuell eine Leiter zum Anheften der Gegenstände.

4. Aktualisieren oder verändern Sie bitte die folgenden Texte.

Lied zu Beginn
Lobe den Herren GL 258
Kommt herbei GL 270, 1.- 3. Str.
Du hast uns, Herr, gerufen GL 505

Begrüßung
Wir sind zusammengekommen, um für die ... Jahre (Jubiläumszahl einfügen) der Schule N.N. Gott zu danken. Rund ... Schülerinnen und Schüler sind bisher durch diese Schule gegangen, von rund ... Lehrerinnen und Lehrern in vielen Jahren unterrichtet. Schon diese Zahlen lassen staunen und nachdenklich werden.
Zunächst aber wollen wir in den Blick bekommen, daß nicht alles immer eitel Sonnenschein war.

110

Bußakt

1. Kind: Herr, nicht alles Gute, was hier gesät wurde, ist aufgegangen und hat Früchte gebracht.
Pr.: Herr, erbarme dich!
Alle: Herr, erbarme dich!

2. Kind: Manche haben die Schule als Schatten erlebt, der sie geängstigt und bedrückt hat.
Pr.: Christus, erbarme dich!
Alle: Christus, erbarme dich!

3. Kind: Viele haben hier nur gebüffelt und nicht gelernt, die eigene Schatzkiste auszupacken, die Gott ihnen mitgegeben hat.
Pr.: Herr, erbarme dich!
Alle: Herr, erbarme dich!

Pr.: Der allmächtige Gott erbarme sich unser, er verzeihe, was nicht von Segen war. Er führe alles zu einem guten Ende.

Lied zum Gloria
Nun lobet Gott   GL 265
Lobet und preiset (Kanon)   GL 282

Tagesgebet
Herr, unser Gott. All unser Tun braucht deinen Segen, um zu wachsen, zu reifen und Früchte zu bringen, über die sich Menschen freuen können. Sieh auf alles, was an dieser Schule in so vielen Jahren ausgesät wurde, und laß auch das wachsen und gedeihen, was noch am Boden liegt. Darum bitten wir durch Christus, unseren Herrn.

Geschichte
(kann auch gespielt oder in verteilten Rollen vorgelesen werden)

Erzähler: Eine Schülerin und ein Schüler betraten im Traum einen Laden an der Schule N.N. Hinter der Theke stand ein Engel. Hastig fragte die Schülerin: „Was verkaufen Sie, mein Herr?" Der Engel antwortete freundlich: „Alles, was Sie wollen!"
Da bekam der Schüler leuchtende Augen und begann aufzuzählen: „Dann wünsche ich mir, daß ich die Vokabeln sofort behalte, wenn meine Augen die Wörter nur sehen; daß mir alle mathematischen Aufgaben superleicht fallen; daß ich mit keiner Lehrperson Schwierigkeiten bekomme und ich im Sport ein As bin."
Die Schülerin stand ihm in nichts nach und wünschte sich: „Laß mich drei Fremdsprachen fließend beherrschen und an der Schule gute Freunde kennenlernen; laß

die Schulstunde nie langweilig sein, und schenk mir zum Abschluß ein irres Zeugnis, mit dem ich alle Hürden nehmen kann."
Der Engel lächelte und sagte dann: „Entschuldigt, ihr habt mich falsch verstanden. Ich verkaufe hier keine Früchte, ich verkaufe nur den Samen!"

und/oder **Lesung**

Vorwort: Wir hören von Samenkörnern, die unserer Schule jetzt schon einen Vorgeschmack vom Paradies schenken können. Lesung aus dem Brief an die Römer.

Liebe Schwestern und Brüder! Liebe Schülerinnen und Schüler! Eure Liebe sei ohne Heuchelei. Verabscheut das Böse, haltet fest am Guten. Seid einander in geschwisterlicher Liebe zugetan, übertrefft euch in gegenseitiger Achtung! Laßt nicht nach in eurem Eifer, laßt euch vom Geist Gottes entflammen und dient dem Herrn. Seid fröhlich in der Hoffnung, geduldig in der Bedrängnis, beharrlich im Gebet ... Freut euch mit den Fröhlichen und weint mit den Weinenden. Seid untereinander eines Sinnes! Strebt nicht hoch hinaus, sondern bleibt demütig! Haltet euch nicht selbst für weise! Vergeltet niemandem Böses mit Bösem. Seid allen Menschen gegenüber auf Gutes bedacht! Soweit es euch möglich ist, haltet mit allen Menschen Frieden ... Laß dich nicht vom Bösen besiegen, sondern besiege das Böse durch das Gute (Röm 12,9-21 mit wenigen Auslassungen).

Zwischengesang
Liebster Jesu, wir sind hier   GL 520

Evangelium

Vorwort: Wie die Blätter an diesem Baum nicht ohne Verbindung mit den Ästen lange leben können, so möchte Jesus, daß wir mit ihm verbunden bleiben.

Einmal erzählte Jesus den Jüngern folgendes Gleichnis. Er sagte: Ich bin der Weinstock, ihr seid die Reben. Wer in mir bleibt und in wem ich bleibe, der bringt reiche Frucht. Denn getrennt von mir könnt ihr nichts vollbringen. Wie mich der Vater geliebt hat, so habe auch ich euch geliebt. Bleibt in meiner Liebe. Das ist mein Gebot: Liebt einander, so wie ich euch geliebt habe (Joh 15,5.9.12).

Sprechspiel als Predigt

1. **Ein Kind:** *(zeigt das „Danke"-Schild)*
Im Namen aller Schülerinnen und Schüler, die in dieser Schule gelebt und gelernt haben, möchte ich danke sagen. Ich danke für alle Mühen und Sorgen, die Lehrerinnen und Lehrer, aber auch die Eltern mit uns Schülerinnen und Schülern hatten und haben. *(heftet das „Danke"-Schild neben den Baum).*

2. **Ein Kind:** *(mit dem Schild „aufeinander angewiesen")*
Wir sind in der Schule alle aufeinander angewiesen. Wie ein Blatt den Ast und den Stamm braucht, um leben zu können, so brauchen der Stamm und die Äste die Blätter, um atmen zu können. Was wären wir Kinder ohne Lehrer und Eltern? Was wären die Lehrpersonen in der Schule ohne Kinder? Niemand kann ohne den anderen leben. *(heftet Schild an einen der Äste)*

3. **Ein/e Religionslehrer/in:** *(mit dem Schild „christliche Werte")*
So meinte es Jesus auch eben in der Frohen Botschaft: Wir alle, Schülerinnen und Schüler, Lehrerinnen und Lehrer, sind wie Blätter am Jesus-Baum. Aus seiner Kraft können wir leben, solange wir mit Jesus verbunden bleiben. Aus christlichen Werten lebte diese Schule, aus dieser Verbindung mit Jesus möge sie weiterleben. *(heftet das Schild auf die Wurzeln)*

4. **Mehrere Kinder:** *(mit den Schildern: „Vertrauen", „Liebe", „Freundschaft", „Freude", „Eintracht" und andere)*

Ein Kind *(mit dem Schild „Vertrauen"):* Der Baum braucht kräftige und gesunde Wurzeln, wenn der Stamm, die Äste und die Blätter sich wohlfühlen sollen. Wir meinen, es sei wichtig: das Vertrauen zueinander.

Jetzt nennen die anderen Kinder, nacheinander ans Mikro tretend, die Aufschrift ihres Schildes: „Liebe", „Freundschaft", „Freude", „Eintracht" ... (und alles, was noch erarbeitet wurde). *(Alle heften ihr Schild an die Wurzeln)*

5. **Ein Elternteil:** *(mit dem Schild „frischer Sauerstoff")*
   Ein gesundes Blatt an einem Baum atmet schlechte Luft ein und frischen Sauerstoff aus. So kann eine freistehende Buche an einem Sonnentag für rund 45 Menschen Sauerstoff spenden. – Ohne gute Atmosphäre kann auch unsere Gesellschaft in Stadt und Land nicht leben. Es wäre schön, wenn Kinder *und* Erwachsene für eine „gute Luft" hier und draußen sorgten. *(heftet das Schild in die Blätter)*

6. **Lehrer/in mit einem Spaten** *(darauf kann das Schild „Geduld" geheftet sein)*
   Manchmal nähmen wir lieber eine Axt, um kurzen Prozeß zu machen, aber dieser Spaten hier ist *das* Symbol für alle Erzieherinnen und Erzieher, ob Eltern oder Lehrpersonen: nämlich in Geduld immer wieder den Boden umgraben und düngen, damit das junge Leben, das in jedem Kind heranwächst, sich auch entfalten kann (vgl. Lk 13,6.9). *(lehnt den Spaten an den Baum)*

7. **Rektor/in / Konrektor/in:** *(mit einer der eventuell bezeichneten Früchte)*
   In den vergangenen ... Jahren haben ungefähr ... Schüler und Schülerinnen an dieser Schule ihren Abschluß gemacht. Wir haben viele Aktionen erfolgreich durchgeführt *(aufzählen),* auch Pokale errungen *(aufzählen)* etc. Wir danken allen, die sich da besonders engagiert haben! *(Früchte werden in den Baum gehängt, eventuell auch Fotos von solchen Ereignissen)*

Pr. spricht den Abschluß mit einem Dank – auch an Gott.

Musikmeditation

Fürbitten
(auch von Schülern und Schülerinnen, Eltern, Lehrpersonen ... sprechen lassen. Nach jeder Fürbitte wird eine große Blüte in den Baum geheftet.)

Pr.: Wir rufen zu dem, der aller Saat das Wachstum gegeben hat. Wir bitten dich, guter Gott:

1. Viele Menschen haben hier gewirkt, vom Hausmeister bis zum Rektor. Lohne allen ihre Mühen und Sorgen. – *Liedruf*

2. Wir alle sind aufeinander angewiesen. Wir brauchen die Talente, die Gott und Eltern den Kindern geschenkt und die Lehrerinnen und Lehrer gefördert haben. Laß uns gemeinsam für eine gute Atmosphäre in unserer Welt sorgen. – *Liedruf*

3. Gott rechnet auf uns, seine Gute Nachricht in die Welt zu tragen. Hilf uns, Herr, daran immer wieder neu Freude zu finden. – *Liedruf*

4. Gott hat uns seine schöne Welt anvertraut. Laß uns verantwortungsvoll mit der Schöpfung, mit Luft und Wasser, mit Pflanzen und Tieren umgehen, weil davon unsere Zukunft abhängt. – *Liedruf*

5. Viele ehemalige Lehrerinnen und Lehrer, Rektorinnen und Rektoren leben im Ruhestand. Schenke ihnen gute Erinnerungen an die Schulzeit, und hilf ihnen, die alten Freundschaften zu pflegen. – *Liedruf*

6. Die Zahl der Lehrerinnen und Lehrer, die an dieser Schule gewirkt haben und uns schon in die Ewigkeit vorangegangen sind, ist groß. Laß sie jetzt in Gottes sichtbarer Nähe glücklich und für uns gute Fürsprecher sein. – *Liedruf*

Pr.: Denn so bauen alle an deinem Reich. Darum bitten wir dich durch Christus, unseren Herrn.

Gabenlied
Wir weihn der Erde Gaben   GL 480

Gabengebet
Guter Gott. Mit den Gaben von Brot und Wein bringen wir dir unseren Dank und unsere Sorgen vor der Zukunft dar. Erfülle diese Gaben mit deinem Heiligen Geist, dann schenken sie auch uns neue Zuversicht. Darum bitten wir durch Christus, unseren Herrn.

Vaterunser
Wir sind alle Kinder des einen Vaters, ob Ausländer oder Einheimische, Junge und Alte, Große und Kleine und dürfen sprechen: Vater unser ...

Einleitung zum Friedensgruß
Wir bilden mit den Händen eine Kette untereinander – so wie am Baum Blätter und Äste miteinander verbunden sind. Wir wünschen uns den Frieden!

Meditation nach der Kommunion

1. Spr.: Keinen Schüler und keine Schülerin soll es hier geben,
die sagen müßten: Ich fühle mich so allein gelassen.
Keinen Tag soll es hier geben, an dem einer sagen muß:
Niemand war da, der mich getröstet hat;
der mit mir lachen und weinen will.

2. Spr.: Keinen Lehrer und keine Lehrerin soll es hier geben,
die sagen müßten:
Am liebsten machte ich mich auf und davon.
Keinen Tag soll es hier geben, an dem einer sagen muß:
Niemand ist da, dem ich vertrauen kann;
niemand, der herzlich zu mir ist.

(gleich im Anschluß:)

115

Schlußgebet

Herr, das kannst *du* uns schenken: Augen und Ohren füreinander und ein Herz, das verzeihen und lieben kann. Hier in dieser Schule und überall, wo du uns (einmal) hinstellst. Darum bitten wir durch Christus, unseren Herrn.

Lied zum Auszug

Wenn wir jetzt weitergehen   GL 514
Nun danket all   GL 267
Großer Gott, wir loben dich   GL 257

REGISTER

1. Verzeichnis über die eingesetzten Zeichen und Symbole

Die Zahlen beziehen sich auf die Nummer der „Bausteine".
Einige Male ist das Symbol nur durch eine Geschichte aufgeschlüsselt und deshalb nach der Nummer mit G gekennzeichnet. A = Anhang

2. Verzeichnis über die erwähnten Kurzgeschichten

Kurzgeschichten 1:
255 Kurzgeschichten für Gottesdienst, Schule und Gruppe

Nr. der Kurz-geschichte	Nr. des Bausteins	Nr. der Kurz-geschichte	Nr. des Bausteins
5	49	197	89
6	146	199	99
54	52	204	50, 77
65	118	205	91
81	61	206	91
96	60	207	90
105	25	209	72
106	113	213	8
165	52	214	84
180	59, 107	216	102
195	44	220	83
196	89	251	42

Kurzgeschichten 2:
222 Kurzgeschichten für Gottesdienst, Schule und Gruppe

Nr. der Kurz-geschichte	Nr. des Bausteins	Nr. der Kurz-geschichte	Nr. des Bausteins
10	87	170	85
105	31	174	86
109	51	187	51
115	51	188	51
147	122	189	51
156	75	191	94
157	94		

Kurzgeschichten 3:
244 Kurzgeschichten für Gottesdienst, Schule und Gruppe

Nr. der Kurz-geschichte	Nr. des Bausteins	96	82
30	80	100	88
77	93	135	87
80	69	150	50
		200	38

Kurzgeschichten 4:
233 Kurzgeschichten für Gottesdienst, Schule und Gruppe

Nr. der Kurz-geschichte	Nr. des Bausteins	Nr. der Kurz-geschichte	Nr. des Bausteins
119	85	154	38
131	80, 129	165	85
142	112	174	89

Kurzgeschichten 5:
211 Kurzgeschichten für Gottesdienst, Schule und Gruppe

Nr. der Kurz-geschichte	Nr. des Bausteins	Nr. der Kurz-geschichte	Nr. des Bausteins
23	80	156	109
150	84	165	51
152	129		

3. Verzeichnis der erwähnten Schriftstellen

Die Zahlen beziehen sich auf die Nummern der „Bausteine".
Die Parallelstellen der Synoptiker sind nicht berücksichtigt. A = Anhang

ALTES TESTAMENT

Schriftstelle	Nr. des Bausteins
Genesis	
1,1-5	136
1,26-28	132
8,6-12	112
9	10
12,1-6	47, 145
12,1-8	30
Exodus	
3,13-14	63
19,3-6	61, 82
Numeri	
21,4-9	33
Richter	
9,8-15	93
Ijob	147
Psalmen	
1,1-3	96
23	4, 148
31.15-24	1
91,1-4.9-11	1
104,2	18
Sprichwörter	
8,22-31	120
Jesaja	
40,28b-33	28, 59
43,1-5	24
49,16	38, 115

NEUES TESTAMENT

Schriftstelle	Nr. des Bausteins
Matthäus	
5,2-12	49, 53
5,9	112
5,13-16	11, 18, 31, 35, 46, 55, 71, 73, 116
5,43-48	97
7,7-11	28
7,13.14	129
7,24-27	102, 108, 114
8,5-13	113
8,23-27	8, 16, 40, 147
9,10-13	38
9,35 - 10,8	115
10,5a.7-8	134
10,29-31	9
11,28-30	68, 120, 133
12,33-37	109
13,31f	99
13,45-46	138
14,22-33	61, 82, 103, 139
15,21-28	86
16,24f	75
17,1-9	60
18,19-20	50, 54, 63, 64, 90, 91, 94, 119
18,21-35	141
20,25-28	56, 145
22,35-40	72, 78, 104, 111, 122, 123, 125, 126, 137, 146
24,42-44	32

Schriftstelle	Nr. des Bausteins	Schriftstelle	Nr. des Bausteins
25,14-30	35, 43, 45, 48, 52, 75, 76, 85, 88, 92, 101, 121,122	15,4-6	26, 44, 45, 67-69, 89-91, 94, 110, 128, 140, A
25,31-40	78, 132	15,9-17	25, 41, 51, 59, 82-84, 87, 101, 105, 107, 108, 127, 131, 143, A
28,16-20	27, 41, 44, 63, 68, 136, 145		
		15,14-17	61
Markus		17,20-24	42, 84, 86, 106, 119, 130
4,1-9,13-20	135		
4,26-29	36	19,12-16a	142
4,30-32	135	20,19-22	50, 54, 64, 66, 76, 136
4,35-41	100, 145		
10,13-16	1-3, 5-7, 12-15, 17-19, 21-24	21,9.15-17	117, 118
10,46-52	144	**Apostelgeschichte**	
		2,36-42	142
Lukas			
5,1-11	62, 149	**Römer**	
7,36-50	79, 80	2,14-16	129
9,23-24	43	12,6-12	143, A
9,28b-36	29	12,15-18	84, 87, 130, A
10,25-28	50, 54, 64	12,17-21	53, 107, 141, A
10,38-42	72		
12,49-50	39	**1 Korinther**	
13,6-9a	81, 85, A	3,5-9	36
15,1-10	79	9,24-27	101, 128
15,11-24	73, 74	12,14-27	83, 84, 102, 106, 108, 110, 130, 140
19,1-10	79, 80		
22,24-27	77, 134	13,4-8a.13	57, 111
23,38-43	79		
24,13-35	4, 34, 148	**2 Korinther**	
		3,1-6b	115
Johannes			
3,14	33	**Galater**	
8,12	2, 11, 18, 37, 70, 73	5,14-16.19-26	103, 104
		6,1-5	62, 134
10,7	3		
11,17-44	95		
13,1-20	93, 98		
13,4-9.12-15	77		
14,1-6	57, 124, 129, 150		
14,25-27	58		

Schriftstelle	Nr. des Bausteins	Schriftstelle	Nr. des Bausteins
Epheser		1 Petrus	
4,22-27.29-32	51	2,4-10	117, 118
5,8-16	73		
6,10-18	65, 97	1 Johannes	
		4,7-12.20-21	50, 54, 64,
Kolosser			123, 125, 126
3,12-15	25, 53, 87, 115,	4,16b-21	74
	131	4,18	58
Jakobus		Offenbarung	
3,4-12	109	7,1-4	33
5,7-11	32	21,1-7	32

Bildnachweise

S. 21, Nr. 19:
© by Brendow-Verlag, Moers
Plastik Dorothea Steigerwald
Motiv: BLEIB SEIN KIND

S. 88, Nr. 131:
Oskar Schlemmer, Figur und Raumlineatur, 1924
© 1998 Oskar Schlemmer, Bühnen Archiv, D-79410 Badenweiler
Foto: Photoarchiv C. Raman Schlemmer, I-28050 Oggebbio

S. 91, Nr. 134:
Holzplastik aus Ruanda. Leider konnten wir trotz intensiver Recherche nicht
ermitteln, in wessen Besitz diese Plastik ist und wer die Rechte daran innehat.
Über nähere Hinweise sind wir dankbar und werden evtl. vorhandene Ansprüche
prüfen und abgelten.

S. 93, Nr. 137:
Poster „Du", Grafik: Christian von Struve, Best.-Nr. 183, Verlag der action 365,
Kennedy-Allee 111a, 60596 Frankfurt a.M.

S. 96, Nr. 141:
Aufkleber: Macht Frieden möglich, Pax Christi, Deutsche Sektion,
Postfach 13 45, 61103 Bad Vilbel, Tel.: 0 61 01/20 73

S. 99, Nr. 145:
Bild links: Roland Peter Litzenburger, Aussendung des Abraham
Feder 1964
Bild rechts: © Sieger Köder, Abraham

S. 100, Nr. 147:
Hanns H. Heidenheim, Holzschnitt zu Ijob, Düsseldorf

S. 102, Nr. 149:
Herbert Seidel, „Der reiche Fischfang"
© VG Bildkunst, Bonn 1998

S. 103, Nr. 150:
Hundertwasser
(224) DER GROSSE WEG
© 1998 Joram Harel, Wien

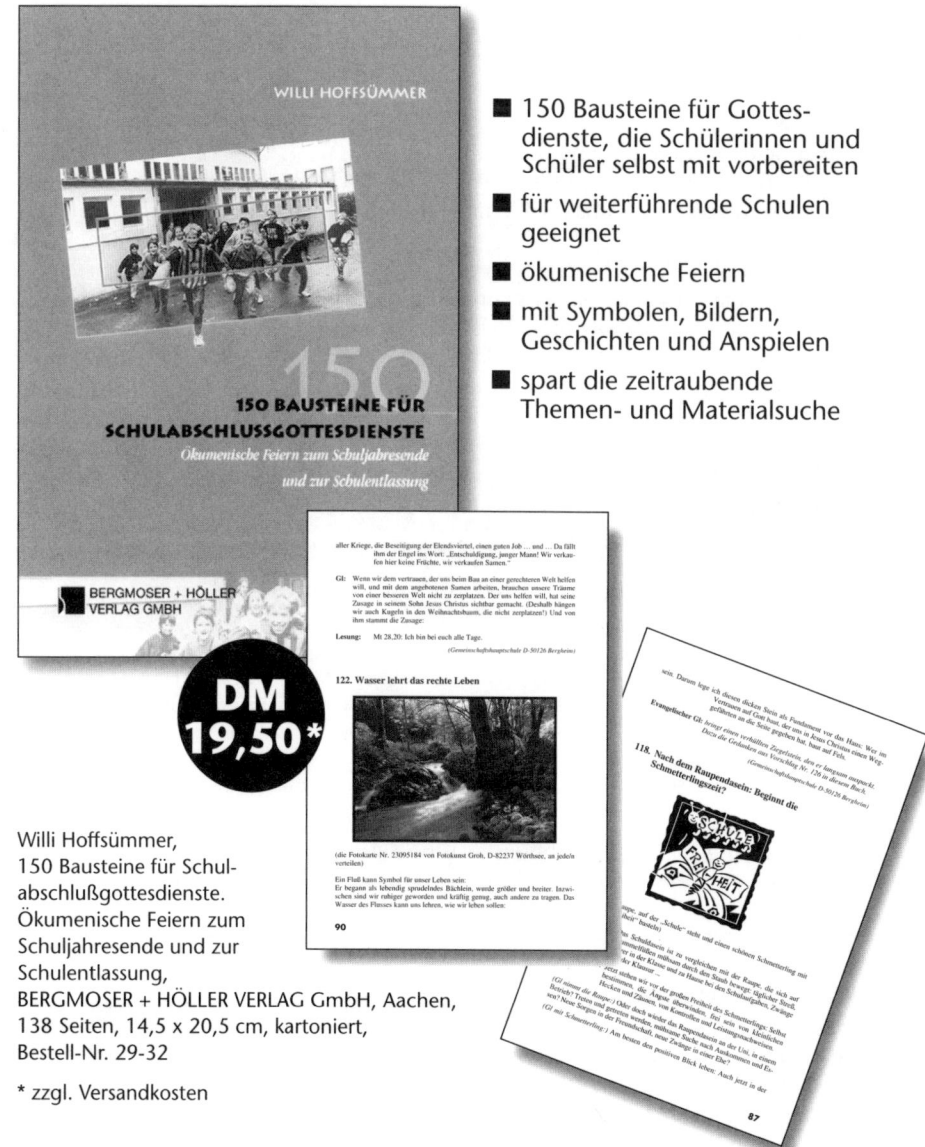

22 Erstkommunionfeiern mit Symbolen

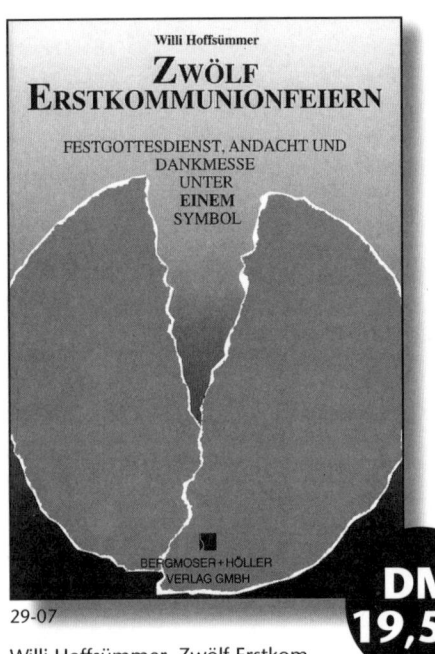

Willi Hoffsümmer

ZWÖLF ERSTKOMMUNIONFEIERN

FESTGOTTESDIENST, ANDACHT UND DANKMESSE UNTER **EINEM** SYMBOL

BERGMOSER + HÖLLER VERLAG GMBH

Willi Hoffsümmer

ZEHN WEITERE ERSTKOMMUNIONFEIERN

FESTGOTTESDIENST, ANDACHT UND DANKMESSE UNTER **EINEM** SYMBOL

BERGMOSER + HÖLLER VERLAG GMBH

DM 19,50*

29-07

29-27

Willi Hoffsümmer, Zwölf Erstkommunionfeiern. Festgottesdienst, Andacht und Dankmesse unter einem Symbol, BERGMOSER + HÖLLER VERLAG GmbH, Aachen, 128 Seiten, 14,5 x 20,5 cm, kartoniert, Bestell-Nr. 29-07

Willi Hoffsümmer, Zehn weitere Erstkommunionfeiern. Festgottesdienst, Andacht und Dankmesse unter einem Symbol, BERGMOSER + HÖLLER VERLAG GmbH, Aachen, 142 Seiten, 14,5 x 20,5 cm, kartonier Bestell-Nr. 29-27

* zzgl. Versandkosten

* zzgl. Versandkosten

Jedes Symbol ist ein guter Begleiter durch die Vorbereitungszeit bis hin zum großen Tag der Ersten Heiligen Kommunion. Mit Materialien und Ideen für:
• den Festgottesdienst
• die Andacht
• und die Dankmesse

Noch ein Tip: Besonders schön lassen sich die Symbole auch für persönliche Einladungen, Tischkarten und Danksagungen nutzen!

Hier können Sie bestellen:

BERGMOSER + HÖLLER VERLAG GmbH, Karl-Friedrich-Straße 76, 52072 Aachen, Telefon: 02 41/9 38 88-123, Fax: 02 41/9 38 88-188